Safi Nidiaye

PORTUGAL
Wo die Sehnsucht zu Hause ist

Photographien von Safi Nidiaye
und Horst Piller

W0058417

Goldmann Verlag

Herausgegeben von Wulfing von Rohr
Originalausgabe

Der Goldmann Verlag
ist ein Unternehmen der Verlagsgruppe Bertelsmann

Made in Germany · 3/92 · 1. Auflage
© 1992 by Wilhelm Goldmann Verlag, München
Umschlaggestaltung: Design Team München
Umschlagphotos: Gerhard P. Müller, Dortmund
Kartographie: Astrid Fischer, München
Belichtung: Compusatz, München
Druck: Presse-Druck Augsburg
Verlagsnummer: 12294
Redaktion: Dieter Löbbert
DvW · Herstellung: Sebastian Strohmaier
ISBN 3-442-12294-5

Inhalt

Sagres: Die Schule der Seefahrer – Das Goldene Zeitalter und die Nostalgie – Sehnsucht nach Atlantis – Cabo de São Vicente: Das Kap der Raben – Vila Real und die Küstenstraße – Das Malha Velha bei Loulé: Ein atlantischer Tempel? – Loulé und die verzauberte Maurenprinzessin – Silves: Die vergangene Pracht der Araberhauptstadt – Die Araberzeit: Hochblüte von Kultur und Wissenschaft – Der Untergang von Xelb – Die Berge, die Küste und die Touristen

Der Convento de São Francisco: Ein lebendiger Kraftplatz – Mértola, alte Römerstadt – São Francisco, das Kloster der Künstler – Castelo Noudar: Eine Burg im verlassenen Grenzland – Beja und die trauernde Nonne – Südlicher Alentejo: Das Land der Korkeichen – Die Römerruinen von Miróbriga

Der Steinkreis von Almendres – Alles über Steinkreise – Sind Dolmen wirklich Gräber?

Einleitung

Wenn ich an Portugal denke, tauchen in meiner
Erinnerung als erstes fünfundneunzig steinerne
Rieseneier auf. Sie stehen im Kreis, seit Jahrtausenden, und sie geben der Wissenschaft Rätsel
auf. Es sind freundliche Steine. Immer wenn ich
an sie denke, freue ich mich. Irgendwie kommen
sie mir bedeutsam vor für Portugal. Dann denke
ich an einen stillen Hügel mit uralten Olivenbäumen, auf dem vor fünfundsiebzig Jahren drei Hirtenkindern die strahlende Gestalt einer wunder-
schönen Dame erschien, in der sie die Jungfrau
Maria erkannten. Ich denke an Sintra, die lieblich-
ste aller Städte; an Berge und Burgen, an verzauberte Wälder und Parks, an Märchenschlösser,
fröhliche Wallfahrtskirchen und dunkle Kathedralen ... und an Heinrich den Seefahrer. Wo
immer wir hinreisten – Heinrich war schon vor
uns da. Sein steinernes Abbild begegnete uns an
so vielen Orten, daß wir bald in jeder Statue den
Seefahrer-Prinzen vermuteten.

Ich denke an schwarzgekleidete alte Bäuerin-
nen und an eine Zigeunerin. Ich sah sie nur von
hinten. Sie schritt in ihren langen bunten Röcken
groß und stolz dahin und wiegte sich in den
Hüften; ihre Leute waren mit Pferdekarren unter-

wegs. Ich denke an blau-weiße Kacheln an Häuserwänden und bunte Blumen, an schwarzstämmige Korkeichen und rote Erde, an Klippen und Meer und den atlantischen Gewitterhimmel; an verzierte Toilettentüren, köstlichen kurzen Kaffee und an den Farbfernseher, der zum Grundinventar aller Gaststätten gehört. Und an jene gewisse Schwermut, die das Land durchweht, jene nostalgische Sehnsucht, die portugiesischer Literatur und Musik seit Jahrhunderten Nahrung liefert und am schönsten in der sehnsüchtigen Klage des *Fado*-Gesangs ihren Ausdruck erfährt.

Die magische Portugalreise, die ich nun beschreiben möchte, war meine erste in und durch dieses Land. Zuvor hatte ich zwar viel, aber nur indirekt mit Portugal zu tun gehabt: durch etliche Freunde, die oft und gern dorthin fuhren, durch einen Aufenthalt in der ehemaligen portugiesischen Kolonie Brasilien, wo ich einen Dokumentarfilm fürs ZDF machte, und vor allem durch meinen Mann, Horst Piller, der seit Jahren über eine Gemeinschaft von Freunden im Norden Portugals mit dem Land verbunden ist und mich auf meiner Fahrt begleitet hat.

Natürlich muß man eine Reise dieser Art vorbereiten, man muß sich einlesen und umhören; dennoch bin ich – sind wir beide – sehr unvoreingenommen und relativ unvorgebildet an die Städte und Stätten herangegangen, denen wir begegneten. Denn das Wichtigste bestand meiner Überzeugung nach darin, zunächst unverstellte, spontane und eigene Eindrücke zu gewinnen. Alles Weitere – Hintergründe aufspüren, einordnen, vergleichen, benennen – war zweitrangig. Auf diese Weise wurde unsere Reise vielerorts tatsächlich überraschend magisch. Während des Besuchs einzelner Plätze haben Horst und ich es vermieden, einander unsere jeweiligen Eindrücke und Empfindungen mitzuteilen, um uns nicht gegenseitig zu beeinflussen.

Nach der Reise habe ich in zwei Trancesitzungen auf intuitivem Weg ergänzende Informationen bekommen. Dies ist eine Art medialer Wissensübermittlung, die ich seit einigen Jahren betreibe. Mein Buch »Liebe ist mehr als ein Gefühl« kam auf diese Weise zustande, ein weiteres ist gerade im Entstehen. Diese Trancetexte sind wegen der leichteren Unterscheidung im Buch *kursiv* hervorgehoben. In einigen Punkten waren sie für mich sehr überraschend, in anderen wichen sie von meiner vorgefaßten Meinung ab, sind mir aber dennoch im nachhinein zutiefst plausibel. So wurde beispielsweise mein negatives, zorniges Urteil über die kolonisierenden Seefahrer korrigiert; auch meine Beurteilung einer angeblichen Kultstätte in der Algarve erwies sich im veränderten Bewußtseinszustand als nicht ganz zutreffend. In anderen Punkten entsprechen die in Trance erhaltenen Informationen einer vagen Ahnung, die ich zuvor bereits hatte.

Unsere Reise beginnt im Süden, an der Algarveküste, und führt kreuz und quer durch Portugal bis in den wilden Norden. Genaugenommen ist unser Ausgangspunkt das spanische Granada, während Lourdes in Frankreich den Abschluß bildet. Diese beiden Orte bilden, wie ich später feststellte, einen wichtigen Rahmen zu unserer Portugalreise.

Die geschilderte Strecke – darauf weise ich

nachdrücklich hin – ist auf keinen Fall als Reise-
route zum Nachahmen gedacht. Dafür sind zum
einen die Straßen in Portugal mit wenigen Ausnahmen viel zu schlecht; dort mehrere tausend
Kilometer mit dem Auto zu fahren, ist eine Stra-
paze für Fahrzeug und Nerven. Vor allem aber
handelt es sich bei den meisten der beschriebenen
Sehenswürdigkeiten um Plätze mit einer intensi-
ven und besonders starken energetischen Ausstrahlung. Sie eine nach der anderen »in Angriff
zu nehmen«, täte Ihrem Energiesystem nicht gut,
weil es stark strapaziert und durcheinanderge-
bracht würde. Im übrigen ist Kraftort nicht gleich
Kraftort; manche können sich ausgesprochen negativ auswirken, wie Sie noch lesen werden.

Sich auf einige wenige Orte konzentrieren und
diesen viel Zeit widmen: Darin sehe ich den bes-
seren Weg. Es gibt eine Methode, die Ihnen helfen
kann, auf eigene Faust gute Plätze zu finden. Sie
ist sehr einfach und läßt sich auch auf vieles andere anwenden. In ihren Grundzügen geht sie auf
Empfehlungen zurück, die ich in Trancesitzungen übermittelt habe. Die Technik: Gehen Sie zu
Beginn der Reise ausdrücklich und klar davon
aus, magische Plätze zu finden, und zwar solche,
die Ihnen entsprechen. Dies wirkt so ähnlich, als
wenn Sie in Ihrem Radioapparat einen Sender
fixieren. Und dann verbannen Sie jene Zielpunkte
für die Dauer der Reise aus Ihren Gedanken. Suchen Sie nicht, reisen Sie, wohin Sie wollen – ganz
nach Lust und Laune. Ihr »Platz-Ortungs-Radar«
ist ja aktiviert. Durch Suchen, zu starkes Wollen
und Überlegen können Sie ihn nur stören beziehungsweise die Signale der Kraftorte absorbieren.
Ihre innere Führung wird Sie genau dorthin brin-

gen, wo es Interessantes für Sie gibt – vorausgesetzt, daß Sie sich wirklich entspannen, Ihre Absicht vergessen und spontan handeln können.
(Das geht auch zu zweit, man muß es nur ein
wenig üben.) Auf diese Weise werden Sie mit
großer Wahrscheinlichkeit viele Plätze finden,
auch solche, die – mit gutem Grund – in keinem
Führer verzeichnet sind. Sie publik zu machen,
würde ihre Zerstörung bedeuten. Einige Hinweise bezüglich vielversprechender Gegenden habe
ich im Text gegeben.

Nach dem Aufenthalt an zahlreichen ge-
schichtsträchtigen Orten bin ich zu dem Ergebnis
gekommen: Wichtig ist (mir) nicht, was sich früher einmal dort abgespielt hat – wichtig ist das
Hier und Jetzt. Vergangenheit erweist sich als
interessant und lehrreich. Magie aber ist gegenwärtig. Vergangene Magie ist Theorie. Wir können darüber spekulieren, erleben aber können
wir sie nicht. So bedeutet für mich »Magisch Reisen«, lebendige Stätten aufzusuchen, Plätze, an
denen man inspiriert, verzaubert, gestärkt oder
verwandelt wird; Plätze, an denen Magie – in
welchem Gewand auch immer – gegenwärtig ist.
Deshalb denke ich an die freundlichen Steine von
Évora, den kleinen Hügel bei Fátima und die
dunklen Wälder von Sintra, der Stadt der Mondgöttin.

Zur Einleitung: *Viele große Ströme fließen an diesem*
westlichen Endzipfel Europas zusammen. Viele Far-
ben, die sich zu einem einzigartigen Farbton vereinen,
der das ausmacht, was man die Eigenart dieses Landes
einschließlich seiner Bevölkerung nennen kann. Hier-
zu haben die großen Religionen ebenso ihr Teil beige-

tragen wie die überlieferten philosophischen und volks-
tümlichen Anschauungen und Einstellungen zum Le-
ben und zur Natur. Portugal ist ein Knotenpunkt:
Endpunkt, in den viele Ströme einmünden, und gleich-
zeitig Ausgangsbasis für neue Strömungen, die aus
diesem »Stausee« umgewandelt hervorgegangen sind.

Da waren zunächst die großen Ströme aus dem
Osten; einige der Tendenzen, die sie mit sich brachten:
den Hang zu kraftvoller Ordnung, ein kriegerisches,
freudig-kämpferisches Element, eine Aufteilung der
Bevölkerung in Adel und Nichtadel. Da sind ferner, zu
verschiedenen Zeiten, Ströme aus dem Südosten, aus
Afrika und Arabien. Letzere brachten vor allem Glut,
besonders die Glut des Wissenwollens, der Sehnsucht
nach Erkenntnis. Dann der große Strom aus dem Rö-
mischen Reich, der unter anderem für das strukturelle
Element sorgte. Und schließlich, weit zurück in der
Zeit, ein großer Strom aus dem Westen, der das Wissen
um das, was wir die Involution nennen können, mit
sich führte: die Entwicklung auf der senkrechten Zeit-
achse von oben nach unten, das heißt die wachsende
Durchdringung der Materie mit den geistigen Urbil-
dern.

Genau an jenem Punkt, wo all diese Einflüsse ver-
schmolzen, erreichte diese Entwicklung von oben nach
unten einen End-, Tief- und Wendepunkt und schlug
um in ein Streben nach oben: die Manifestierung des
Christentums und des Islams. Das bedeutet: Alle vor-
herigen, später heidnisch genannten Tendenzen und
Anschauungen, die sozusagen involutionären Charak-
ters waren, mündeten nun in eine Entwicklung, die
wir eher evolutionär nennen können. Fortan betrach-
tete der Mensch sich als Materie, die sich zu ihrem
geistigen Ursprung hin, also gewissermaßen nach
oben, orientieren wollte und sollte.

Die portugiesische Saudade *– eine Art nostalgischer Sehnsucht – ist letztlich Ausdruck beiderlei Strebens: der Sehnsucht des Allgeistes nach Verwirklichung, nach Manifestation, und der Sehnsucht seiner Manifestationen nach ihrem geistigen Ursprung. Saudade ist, bezogen auf den älteren, absteigenden Entwicklungsbogen, mit Erinnerungen befrachtet (= Nostalgie), und im Hinblick auf den neueren, aufsteigenden Entwicklungsbogen mit visionären Hoffnungsvorstellungen (= Sehnsucht). Dieser Charakterzug ist keineswegs eine Literatenerfindung, sondern durchzieht das portugiesische Wesen bis heute, wenn dies auch vielen Menschen Portugals nicht bewußt ist. Überall im Land kann man auf Zeugnisse dieser Saudade stoßen; wenn man Portugal unter diesem Gesichtspunkt betrachtet, wird man noch einige mehr entdecken.* Fátima *ist nichts als ein Zeugnis dieser Sehnsucht: großer kollektiver Sehnsucht nach den göttlich-weiblichen Werten der Schönheit und des Erbarmens.* Sagres *ist ein Zeugnis dieser Sehnsucht, denn hinter dem Wunsch nach Entdeckung verborgener Reiche jenseits des sichtbaren Horizonts steckt immer das spirituelle Verlangen des Menschen nach Entdeckung von Welten und Sphären des Seins, die jenseits seines persönlichen geistigen Horizonts liegen.*

Vorspiel:
Verliebt in die Alhambra

Unsere Reise nach Portugal führt durch Südspanien. In *Granada* besuchen wir die *Alhambra*.

Sie zu beschreiben fällt mir schwer. Ich kann nur sagen: Sie hat uns tief berührt und verzaubert. Auch Bilder können wir nicht vorweisen, denn hier – und glücklicherweise nur hier – hat die Kamera versagt. Wir sind froh darüber. Bilder der Alhambra haben wir alle schon gesehen. Mögen sie noch so schön sein – Erleben ist etwas anderes. Hier in Granada wird mir klar, daß Bauwerke den Menschen inspirieren, ja sogar verwandeln können. Sie vermögen Saiten, die stumm waren, zum Klingen zu bringen, Qualitäten lebendig zu machen und Sehnsucht zu wecken, ja sogar Liebe.

Ein Bauwerk, das den Menschen inspiriert

Zur Zeit dieses Besuchs weiß ich noch wenig über die Maurenzeit auf der iberischen Halbinsel – gerade das, was man in der Schule lernt. Erst nach unserer Rückkehr, als ich mich in das Studium der Geschichte Portugals intensiver vertiefe und dabei auf die Rolle der Araber stoße (sie wird im Algarve-Kapitel geschildert), wird mir klar: Die Alhambra drückt all das aus, was dieses hochkultivierte einstige Wüstenvolk damals nach Europa brachte: hohe Kunst und Wissenschaft, Würde und Adel, Anmut, Schönheit, Poesie und einen

Hang zum Zauberhaften, der im portugiesischen Süden in Märchen und Sagen fortlebt.

Leider haben die Araber in Portugal keine Paläste hinterlassen, da sie dort in kurzlebigem Ziegel bauten. Wer also einen Eindruck von der Atmosphäre der Maurenzeit in Portugal und von der Schönheit der Paläste in Silves und anderen Städten gewinnen möchte, der sollte die Alhambra besuchen.

Sagres und die Algarve: Von Heinrich dem Seefahrer und verschwundenen Maurenschlössern

Sagres: Die Schule der Seefahrer

Ich stehe am Ende der Welt. Hundert Meter unter meinen Füßen tost der Ozean gegen den Felsen. Ein paar Fischer, ein paar Touristen. Die kreisenden Seeschwalben schreien wie Katzen. Vor mir endloser Horizont.

Die *Ponta de Sagres* am Südwestzipfel Portugals ragt steil in den Atlantik. Hier war nach dem ptolemäischen Weltbild, das die Erde (soweit sie bekannt war) als Scheibe sah, tatsächlich alles zu Ende, weshalb man dieses karge, windige Hochplateau *fim do mundo,* Ende der Welt, nannte. Dahinter begann das »Meer der Finsternis«. Was lag jenseits des Horizonts? Brach hier tatsächlich die Welt ab, und fiel man ins Nichts? **Am Ende der antiken Welt**

Dom Infante Henrique, uns besser bekannt als Heinrich der Seefahrer (1394–1460), Königssohn, Großmeister des Christusritterordens und Gouverneur der Provinz *Algarve,* wußte es besser. Er brachte auf der Ponta de Sagres die letzten vierzig Jahre seines Lebens damit zu, die halbe Welt zu kolonisieren – vom Schreibtisch aus gewissermaßen, denn Heinrich hat sich in seinem Leben nur einmal – anderen Quellen zufolge viermal – an **Der Kolonisator . . .**

*Heinrich
der Seefahrer*

**... und seine
Schule**

Bord eines Schiffes begeben und ist nie über die
nordafrikanische Küste hinausgekommen.

Er konzentrierte in *Sagres* die ganze Kraft seines asketischen Lebens darauf, das Marinewesen
zu vervollkommnen. Hier gründete er eine Seefahrerschule, deren Überreste noch zu besichtigen sind, versammelte in- und ausländische
Astronomen, Kapitäne, Schiffsbauer, Kartogra-
phen, Mathematiker und Geographen um sich. In
seinem Horoskop war ihm die »Entdeckung verborgener Dinge« prophezeit worden. Legionen
von Seefahrern sind aus Heinrichs Schule hervorgegangen und haben für Portugal große Teile
Afrikas, Asiens und Südamerikas erobert – mit
skrupelloser Grausamkeit übrigens. Schenkt man
– allerdings umstrittenen – Überlieferungen
Glauben, dann soll die Seefahrtakademie insgeheim eine esoterische Anstalt gewesen sein. Die

Seefahrer sollen diesbezügliche Unterweisungen erhalten haben, man brachte ihnen Respekt vor anderen Völkern und Achtung vor der Erde bei – was aber letztendlich auf fruchtlosen Boden fiel. Hinter den großen Entdeckungsreisen stand ursprünglich Heinrichs Sehnsucht, das Land des sagenhaften Priesterkönigs Johannes zu finden – das vermutlich in Äthiopien lag –, von dem er in den Schriften Marco Polos gelesen hatte. Einigen Autoren zufolge wurde die »Suche nach dem verborgenen Reich des Johannes« als verschlüsselte Metapher für eine spirituelle Suche gebraucht. (Möglicherweise hat sie mit einer gnostischen Überlieferung zu tun, derzufolge der wahre geopferte Christus, König der Juden, nicht Jesus, sondern Johannes der Täufer war.)

Von den edlen Motiven blieb nicht viel übrig. **Geld- und** Geld- und Machtgier bestimmten die Unterneh- **Machtgier** mungen auf den Weltmeeren. Auch Heinrich selbst war neueren Forschungen zufolge ein Mensch, der weniger von geistigen als vielmehr von machtpolitischen Beweggründen geleitet wurde. Als sein Bruder Fernando 1437 in arabische Gefangenschaft geriet, lehnte Heinrich es ab, ihn im Tausch gegen die von ihm besetzte nordafrikanische Hafenstadt Ceuta freizubekommen. Fernando starb einige Jahre später in einem arabischen Verlies.

Um ein Haar hätte übrigens Christoph Kolumbus Amerika für Portugal entdeckt. Er konnte sich jedoch mit der portugiesischen Krone nicht einig werden und ging nach Spanien, ebenso wie der Portugiese Fernão Magalhães, der für den großen Nachbarn im Osten die Erde umsegelte.

So kam es, daß Portugal sich nicht der ganzen,

sondern nur der halben Welt bemächtigte. Aber die Reichtümer, die seine Schiffe aus den Kolonien heimbrachten, verbunden mit den Erträgen aus der Arbeit afrikanischer Sklaven, reichten aus, um dem kleinen Land am Ende Europas ein goldenes Zeitalter zu bescheren, von dem es, glaubt man den Literaten, heute noch wehmütig träumt.

All dies geht mir durch den Kopf, als ich von der Klippe über das Plateau zur Marineakademie Heinrichs wandere. Horst irrt gedankenverloren auf dem Gelände herum und träumt sich in die ersten Seefahrer hinein, die Infant Henrique vom **Expeditionen ins** nahegelegenen *Lagos* aus mit den neuentwickel- **Ungewisse** ten, leichten Karavellen auf den Ozean schickte. Zwar bemühte sich der Prinz mit seinen Experten, die seinerzeit verfügbaren Erfahrungsberichte, Legenden, Vermutungen und Messungen systematisch zu ordnen, wobei ihm das gesammelte Wissen des Christusritterordens, der Nachfolgeorganisation des aufgelösten Templerordens, half. Aber noch war jede Expedition über das Meer der Finsternis ein lebensgefährlicher Aufbruch ins Unbekannte. Es gab keine verläßlichen Daten, und niemand wußte, ob er von der Reise je zurückkehren würde. Tatsächlich sah nur die Hälfte der Seefahrer die Heimat wieder.

In dem kleinen Museum, das in den ehemaligen Stallungen untergebracht ist, betrachten wir die Seefahrtskarten aus dem 16. Jahrhundert. Die *Rechts:* »Cosmografia« von Bartoloméu Velho aus dem *Überall im Lande* Jahr 1568 zeigt in ihrer Mitte die Erde als Scheibe, *finden sich Statuen* rundherum den Himmel mit Engeln und Gott- *Heinrichs* vater. *des Seefahrers*

Sagres: Windrose und Seefahrerschule

Von der ursprünglichen Anlage der Schule ist nicht mehr viel übrig. Interessant und rätselhaft die im Boden des Hofs angelegte Windrose mit 43 Metern Durchmesser; ihr wirklicher Zweck ist unklar, denn sie hat nicht zweiunddreißig Unterteilungen, wie es sich für eine Windrose gehört, sondern zweiundvierzig. Bei dem langgestreckten, flachen Gebäude gegenüber handelt es sich um die ehemalige Seefahrerschule, in der heute ein Jugendheim untergebracht ist. Daneben ein Informationsgebäude, das vielleicht seinerzeit – man weiß es nicht genau – Heinrichs Wohnhaus war. Möglicherweise besaß er aber hier einen Palast, der völlig verschwunden ist.

Portugal wurde durch Heinrich den Seefahrer zur ersten europäischen Kolonialmacht. Wenn es heute eine dritte Welt gibt, wenn Afrikaner graue Anzüge mit Bügelfalten tragen anstelle ihres farbenprächtigen und würdevollen Gewands, wenn in Europa Reiswein getrunken wird und in Japan Bier – Heinrich hat Pate gestanden.

Das Goldene Zeitalter
und die Nostalgie

Die unmittelbare Folge der von Infant Henrique
ausgelösten Eroberungszüge war ein beispiello-
ser Reichtum und Glanz (der allerdings nur auf
die Oberschicht ausstrahlte), ein Aufstieg Portu- **Von Aufstieg,**
gals, der unter König Manuel I. gegen Ende des **Größe und**
15. und in den ersten Jahrzehnten des 16. Jahrhun- **Niedergang**
derts seinen Höhepunkt fand. Seitdem geistert **Portugals**
Saudade durch Portugals Literatur und Gesang –
ein Wort, das eine schmerzlich-nostalgische
Sehnsucht bezeichnet: Sehnsucht nach vergange-
ner Größe und Schönheit – auch nach dem Irgendwo, nach goldenen Gefilden jenseits des Bekannten und Alltäglichen. Böse Zungen behaupten,
Saudade sei nichts als die poetische Bemäntelung
eines Hangs, sich der Wirklichkeit zu entziehen.
Andere führen diesen Charakterzug auf die Kelten zurück, die Portugal in vorchristlicher Zeit
besiedelten.

Die berühmten »Lusiaden«, ein Versepos des
Dichters Luís de Camões aus dem 16. Jahrhundert, sind bereits voller Wehmut, denn schon zu
seinen Lebzeiten begann der Niedergang Portugals. Camões besang nicht nur die Heldentaten
der großen Eroberer einschließlich ihrer »eitel-
dummen Ruhmsucht«, sondern auch die »düste-
re Traurigkeit«, die sein Land befallen hatte: »So
von Trauer ist mein Jetzt durchdrungen, daß ich
vom Einst nur weiß als vom Behagen.«

Das Behagen der großen Zeit war jäh Vergangenheit, als 1580, kurz nach dem Tod des Dichters, spanische Soldaten unter Herzog Alba in
Portugal einfielen und Philipp II. von Spanien die

portugiesische Krone an sich brachte. Die spanische Herrschaft beendete in kürzester Zeit die portugiesische Vormachtstellung auf den Weltmeeren. Der Reichtum schwand dahin. Hinzu kamen geistige Unterdrückung und Verarmung durch die aus Spanien importierte Inquisition, deren grausame Ketzergerichte in Lissabon, Évora und Coimbra tagten. Zwar gewann Portugal seine Unabhängigkeit schon sechzig Jahre später zurück, aber es erholte sich nie ganz von dem Schock.

Fado und Saudade   Ein nostalgisches Verlangen nach Unwiederbringlichem beherrscht auch den *Fado,* jenen düster-romantischen Gesang ungewisser Herkunft, der vorwiegend in Kneipen Lissabons und Coimbras zu hören ist. Es war einmal schön, nie wieder wird es so sein . . . Auch das Glück von heute wird schon morgen nur noch Erinnerung sein . . . Saudade. Vage Sehnsucht nach etwas, das in Raum oder Zeit verlorenging.

Sehnsucht nach Atlantis

Eine ganz andere goldene Ära, für alle Zeit im Nichts verschwunden, taucht in meinen Gedanken auf, als ich auf den Atlantik sehe. »Es lag vor der Mündung, die bei euch die Säulen des Herakles heißt, eine Insel, größer als Asien und Libyen zusammen . . .«: Atlantis. Irgendwo dort draußen ist es wahrscheinlich vor über zehntausend Jahren versunken, im Verlauf »eines schlimmen Tages und einer schlimmen Nacht«, wie Plato weiter berichtete. Er betonte mehrmals, daß es sich dabei um Tatsachen und nicht um dichterische Erfindung handelte. Die meisten der zahlreichen For-

scher, die sich mit Atlantis beschäftigt haben, sind
der Ansicht, daß der Inselkontinent im Atlantik
lag. Erkenntnisse aus unterseeischen Forschungs-
arbeiten weisen darauf hin, daß es sich bei den, zu
Portugal gehörenden, Azoren um die aus dem
Meer ragenden Gipfel eines versunkenen Erdteils   **Wo versank**
handeln könnte. Tatsächlich kennt man auf der   **Atlantis?**
Azoren-Insel São Miguel – dort, wo vielleicht einmal die atlantische Hauptstadt Poseidonidis lag –
eine altüberlieferte Legende, die von einem versunkenen Königreich erzählt. (Wenn Sie São Miguel besuchen, fahren Sie nach Sète Cidades. Dort
gibt es einen blauen und einen grünen See. Lassen
Sie sich die dazugehörige Legende von Einheimischen erzählen.)

Einige Portugiesen behaupten sogar, das portugiesische Festland sei ein leibhaftiger Überrest
des sagenhaften Inselkontinents. Wahrscheinli-
cher klingt (für meine Laienohren) die Hypothese, überlebende Atlanter seien nach der Katastrophe an der Westküste Europas gelandet, und
etliche hätten sich gleich in Portugal niedergelassen. Ich bin auf eine Spur gestoßen, die möglicherweise einen – wenn auch vagen – Zusammenhang
erbringt: Von den frühesten Stämmen, die Portugal, soweit es der Forschung bekannt ist, besiedelten, wird vermutet, daß sie vor der Eroberung
durch die Kelten (die seit dem neunten vorchristlichen Jahrhundert Portugals Nordwesten besetzten) baskisch sprachen. Einige Forscher, darunter
Sprague de Camp und Erich von Däniken, nehmen an, daß das Baskische ein Relikt der atlantischen Sprache ist. Auch Louis Charpentier hält
die Basken für Nachfahren der Atlanter. Dies
würde auch die Verwandtschaft des Baskischen

mit den Sprachen mittelamerikanischer Indianer erklären. (Auf unserer Rückreise stoßen wir im spanisch-französischen Grenzgebiet, also im Baskenland, auf so zungenbrecherische Ortsnamen wie »Txingudi Ikastola« und »Gaztelu Zahar«.) Auch berichtet eine baskische Sage von einer gewaltigen Erdkatastrophe, bei der Feuer und Wasser eine Rolle gespielt haben. Und der römische Historiker Strabo hat aufgezeichnet, daß die Iberer, die Urbevölkerung Portugals und Spaniens, behaupteten, schon vor sechstausend Jahren die Schrift gekannt zu haben! Interessante Indizien. Einige Portugiesen sind jedenfalls fest davon überzeugt, ihr Volk stamme von den Atlantern ab – vielleicht daher die »Saudade«?

Den Gedanken wird große Reichweite zuteil

Zurück zur Ponta de Sagres, dem portugiesischen Nationalheiligtum. Den Gedanken wird auf Heinrichs Hochplateau große Reichweite zuteil. Schon deshalb lohnt sich der Besuch, auch wenn die Überreste der Seefahrerschule optisch nicht allzu beeindruckend sind. Die Ponta de Sagres ist ein inspirierender Ort, und der Wind weht allerlei Gedanken aus der Ferne von Raum und Zeit heran. Man muß allein und still sein, um sie aufzufangen.

Zu Heinrich dem Seefahrer: *Bitte im Urteil über Heinrich den Seefahrer und die Seefahrer im allgemeinen nicht zu hart sein. Mögen sie auch Städte und Landstriche mit brutaler Gewalt unterworfen haben, Menschen und Landstriche ausgebeutet und Blutbäder angerichtet haben, mögen sie auch »eitel und ruhmsüchtig« gewesen sein – so haben sie doch ganz folgerichtig ihren Beitrag zu einer Gesamtentwicklung geleistet, die Menschen im allgemeinen, da ihre Wahr-*

nehmung auf Fragmente konzentriert ist, nicht erfassen können. Man stelle sich die gesamte Menschheit vor wie einen einzigen bewußten, lebendigen Organismus, der immer wieder Verbrauchtes absondert und Neues aufnimmt: Menschen kommen und gehen und kommen wieder und gehen wieder, und sie nehmen jeweils im Gesamtorganismus den Platz ein, der ihrem Wesen, ihrem Entwicklungsstand, ihren Wünschen und Absichten entspricht. Der Tod als Übergang von einer Existenzform in die andere oder als Durchgang zu neuer Inkarnation spielt hierbei eine wichtige Rolle, die aber längst nicht so einschneidend ist, wie viele Menschen annehmen. Dieser Gesamtorganismus also lebt und atmet wie ein *Organismus, aber die meisten der Zellen, aus denen er sich zusammensetzt, wissen nichts von dieser Gemeinsamkeit, halten sich für unabhängige Einzelwesen. Jede einzelne dieser Zellen erwacht nach und nach zum Bewußtsein des Ganzen, und jede Kolonisierung eines großen Teils der Welt durch ein Volk oder die Bewohner eines Kontinents trägt letztlich dazu bei, daß die Menschheit zu dem Bewußtsein ihrer Ganzheit und Einheit erwacht. Dieses Erwachen mag mit Schmerzen verbunden sein; jeder Schmerz aber ist Durchgang zu Erkenntnis, Befreiung und Ekstase (was allerdings niemals als Entschuldigung dafür mißbraucht werden darf, daß man einen Menschen verletzt); und die Menschheit ist noch nicht in der Lage, sich vorzustellen, wie groß der Jubel und die Ekstase sind, wenn der ganze Körper erwacht ist.*

Erwachen zum Bewußtsein menschlicher Einheit

Zu Sagres: *Wer Sagres besucht, kann versuchen, sich diesen Ort in Raum und Zeit zu vergegenwärtigen als Ausgangspunkt eines gewaltigen Entwicklungsstroms, der große Teile der Menschheit erfaßt hat und immer noch erfaßt und umwandelt. Wenn er oder sie religiös ist, kann er an diesem Ort darum beten, daß in jeder Zelle der Menschheit das Bewußtsein der Einheit erwachen möge. Denn ebenso wie seinerzeit dieser Ort der geistige Ausgangspunkt der Seefahrt war, so können Menschen heute ihre Gedanken von dort aus in alle Welt hinausschicken.*

Cabo de São Vicente: Das Kap der Raben

Sechs Kilometer weiter westlich liegt das Kap *São Vicente,* das eigentliche Ende der Welt. Auf dem Weg dorthin erholen wir uns von der stürmischen Ponta de Sagres im windstillen, warmen Hof des ehemaligen *Fort Beliche,* das heute ein gemütliches Restaurant und eine kleine Kapelle beherbergt.

Schlafplatz der Götter? Mit dem Cabo de São Vicente sind seltsame Geschichten verknüpft. Nach der antiken Mythologie diente es den Göttern als Schlafstätte, weshalb es Menschen verboten war, sich des Nachts hier aufzuhalten. Die Römer nannten es »Promontorium sacrum«, heiliges Vorgebirge – ein Name, der übrigens später auf die Ponta de Sagres überging. (Hatten die Götter ihren Schlafplatz dorthin verlegt? Wir wissen es nicht.)

Hier am Kap soll im 4. Jahrhundert ein Schiff mit dem Leichnam des heiligen Vinzenz, von Spanien kommend, gestrandet sein. Vinzenz war zu der Zeit, als die Römer die Christen noch verfolgten, in Valencia gefangengenommen worden und starb unter grausamer Folter. Raben, so heißt es, hätten den Nachen mit dem Toten begleitet und seien dann nach Valencia zurückgekehrt, um den Folterern die Augen auszuhacken. Den Vögeln zu

Ehren soll am Kap eine Kapelle errichtet worden
sein. Dem arabischen Geographen Idrisi zufolge
wurde sie ständig von zehn Raben bewacht. Vor
dem Kap ragt eine große Felsnadel aus dem Meer
auf; der Sage nach ein Finger des heiligen Vinzenz, der Patron der Seefahrer und Winzer wurde
und im portugiesischen Himmel eine führende
Rolle spielt – ebenso wie in Spanien, wo es auch
ein Vinzenz-Grab gibt (in Ávila). Ob sich die beiden alten Erzfeinde Spanien und Portugal um ein
und denselben Heiligen streiten oder jeweils ihren eigenen Heiligen verehren, bleibt im unkla-
ren.

Interessanter erscheint mir die Sache mit den **Die heiligen**
Raben. Wie vieles in Portugal deutet sie darauf **Vögel**
hin, daß heidnische Mythologie in christliche
Überlieferung eingeflossen ist. In vielen indoeu-
ropäischen Mythologien waren die Raben heilig,
dienten als Botschafter und Seelenführer. Der
wisigotische Gott Wotan (Odin) war ein Gott der
Raben. Er wurde mit zweien dieser Vögel auf der
Schulter dargestellt.

Der Rabentempel ist verschwunden, die Götter
nächtigen längst woanders; auch behauptet heute
niemand mehr wie in antiken Zeiten, man höre
das Meer abends brodeln, wenn die Sonne darin
versinkt. Heute steht am Kap São Vicente der
leistungsstärkste Leuchtturm des ganzen Kontinents, dessen beeindruckende Kristall-Lamellen
man besichtigen kann, und Tag für Tag fahren
Schiffe aus aller Welt vorbei und grüßen mit
dumpfem Tuten Europas letzte Klippe.

Vila Real und die Küstenstraße

Begonnen hat unsere Reise eigentlich auf einer Autofähre. Seeschwalben und Düsenjäger begleiten uns, als wir den *Rio Guadiana* zwischen Ayamonte in Spanien und *Vila Real de Santo António* in Portugal überqueren. Einladend liegt Vila Real am Ufer des breiten, ruhig dahinfließenden Stroms: eine baumgesäumte Uferpromenade, weiße Gebäude mit hellroten Ziegeldächern. Das **Von der Grenze** Städtchen lebt fast ausschließlich vom Grenzver-**an die Algarve** kehr. Hier kann man Boote für eine Flußfahrt ins benachbarte *Castro Marim* mieten, um eine imposante Burg, die im 14. Jahrhundert Hauptsitz des Christusritterordens war, eine jüngere Burg und ein Naturschutzgebiet voller Salzgärten zu besichtigen, in dem Kraniche, Störche und andere Vogelarten nisten.

Auf der Nationalstraße 125, die die touristisch mehr als erschlossene Algarveküste vom fruchtbaren, stillen Hinterland trennt, fahren wir Richtung Westen. Es ist Anfang April. Aus den Orangenhainen duftet es nasenbetäubend. Flaches, weites, freundliches Land, helle kleine Häuser. Die Kamine auf den Ziegeldächern, ein Relikt aus der Maurenzeit, sehen mit ihren spitzen Hauben wie kleine Kirchtürme aus. Der Klatschmohn leuchtet rot. Alles ist satt und frühlingsgrün. Zur Linken das Meer, zur Rechten Bergketten, in blauen Dunst gehüllt. Am Straßenrand blüht es gelb und weiß – ab und zu eine Palme. Bald tauchen die ersten kachelverzierten Häuser auf. Kacheln, bemalt und unbemalt, meist blau-weiß – *Azulejos* auf portugiesisch –, ebenfalls ein Erbteil der Araber, sind die Dekorationsspezialität des Landes.

Alles wirkt sanft und lieblich nach dem herben, wenn auch herrlichen Spanien.

Tavira: Azulejos an den Wänden der schmukken Häuser, rote Ziegeldächer, Palmen, schöne Plätze. Tavira war einst griechisch, dann römisch, später arabisch. Die Kirche Santa Maria do Castelo steht auf dem Fundament einer Moschee.

Zwischen *Olhão* und *Faro* fallen uns zahlreiche alte Prachtvillen auf, reich und bunt verziert, stark verwittert, aber noch vergangene Herrlichkeit ahnen lassend. Zur Linken, zum Meer hin, erstreckt sich die *Reserve Natural do Rio Formosa*, ein Haffgebiet, in dem Zugvögel aus Nordeuropa überwintern.

Wenn man von Faro etwa neun Kilometer nordwärts fährt, kommt man nach *Estói*. Etwas außerhalb des Ortes finden Sie die Ruinen der einst bedeutenden römischen Stadt Ossonoba,

Kacheln, Azulejos, an den Häuserwänden

Quinta da Calma,
Meditationshäuschen

Die Kapelle des
Märtyrers

heute *Milréu* genannt, mit Überresten von Tempelmauern, Säulen, Thermen, Häusern und Brunnen. In Estói selbst gibt es einen herrlichen alten Schloßpark – den Park des Condé do Estói – mit Palmen, Springbrunnen, Steinfiguren und Rokoko-Pavillons.

Faro. Hafen-, Industriestadt und Zielflughafen für die per Flugzeug anreisenden Algarvetouristen. Ein paar Kilometer weiter, dicht an der Küstenstraße, liegt unser vorläufiges Ziel, *Almansil.* Ein winziges Dorf, bekannt wegen seiner Kapelle, São Lourenço de Matos, ursprünglich romanisch und (im 18. Jahrhundert) bis in die Kuppel mit blau-weißen Azulejos des Barockmalers Policarpo ausgekleidet. Auf den Fliesen ist das Martyrium des heiligen Laurentius dargestellt, der auf dem Scheiterhaufen gespottet haben soll, daß er auf einer Seite noch nicht gar sei. Laurentius hatte Geld, das er für einen Kirchenneubau bekam, an die Armen verteilt – was sein Todesurteil bedeutete.

Hübsch und weiß gekalkt liegt das Kirchlein, rechter Hand kurz hinter der Abzweigung nach *Loulé*, direkt an der Nationalstraße. Gegenüber führt ein Weg hinauf zur »Quinta da Calma«, die von dem amerikanischen Ehepaar Sylta und Al Kalmbach geleitet wird. Kleine Holzbungalows in einem üppig blühenden Garten, ein ruhiger, erholsamer Ort, an dem man Ferien mit spirituellen Workshops, Yoga und Meditation verbinden kann.

Das Malha Velha bei Loulé: Ein atlantischer Tempel?

Bei Loulé erhebt sich ein kleines Felsplateau mit seltsamen Felsformationen, in denen einige Menschen verwitterte atlantische Tempelanlagen zu erkennen glauben. Wir fragen Sylta Kalmbach. »Zweifellos ein Kraftplatz«, sagt sie. »Aber Atlantis?«

Marion, eine atlantisbegeisterte Hüterin des Felsenplatzes, die neben der Quinta da Calma wohnt, führt uns hin. In Loulé biegen wir in die – ziemlich versteckt liegende – Abzweigung nach *Salir* ein. Nach wenigen Kilometern parken wir den Wagen in einer Ausbuchtung am Straßenrand und betreten einen rotlehmigen Trampelpfad zur Linken, der uns durch Gestrüpp und Dornen zu einem halbrunden, von seltsam geformten Felsen umgebenen Platz führt, dem *Malha Velha* (sehr schwer auf eigene Faust zu finden). Es soll der Überrest einer riesigen atlantischen Tempelanlage sein. Angestrengt versuchen wir in den Felsgebilden die Skulpturen von Sphinx-, Frauen-, Männer-, Adler- und sonstigen Köpfen zu erkennen, die Marion uns zeigt. Ein großer Felsen erinnert tatsächlich aus einem bestimmten Betrachtungswinkel gesehen an einen Sphinxkopf. Alles andere bleibt unserem Auge verborgen. Auf dem Boden finden wir einen frisch gezogenen Kreis. Hier werden magische Rituale durchgeführt, erfahren wir, die jenen gleichen, die man damals vollzogen haben soll – damals auf Atlantis.

Ein Ort besonderer Energie

Atlantisch oder nicht, Großsteinskulpturen oder natürliche Felsgebilde – beeindruckend ist der Ort, und eine ganz besondere Energie verströmt er auch – die mir allerdings schlecht bekam: vielleicht wegen der magischen Rituale, die hier betrieben werden. Mir wurde übel, und heftige Kopfschmerzen machten mir zu schaffen. Beides gab sich sofort, als wir die Gegend verließen.

Zu den angeblichen Atlantis-Relikten gehören auch Teile des dem Malha Velha gegenübergelagerten *Barrocal* und, ebenfalls nördlich von Loulé, im Quelltal des *Algibre*, die »*Cuevas de Benemola*«. Dr. Siegfried Hermerding, dem deutschen Entdecker all dieser Plätze und eifrigen Verkünder seiner Atlantis-Theorie zufolge, soll es sich hierbei um uralte Kultstätten handeln.

Zu Malha Velha: *Das Malha Velha ist tatsächlich eine alte Kultstätte, allerdings hat sie keinesfalls den vermuteten Umfang. Es sieht nicht wie ein großer Steintempel aus, gleichwohl handelt es sich um einen uralten Kultplatz, der bereits zu atlantischer Zeit genutzt wurde. Hier fanden Zusammenkünfte statt; man*

»Sphinxkopf«
im Mala Velha

*sprach gemeinsam so etwas Ähnliches wie Mantren;
die Felsen vervielfachten und verstärkten den Klang
dieser Worte, und die Menschen waren der Überzeugung, auf diese Weise Kräfte zu wecken, die im Welt-
geist schlummerten und die sie sich für das Kollektiv
zunutze machen konnten. Es handelte sich um eine
elitäre Gruppe von Eingeweihten und solchen, die sich
dafür hielten; Plätze dieser Art gab es an vielen Orten
der Erde, auch an der Westküste Portugals; von dieser
Stelle aus wurden Verbindungen in Raum und Zeit
hergestellt.*

Loulé und die verzauberte
Maurenprinzessin

Loulé selbst, eine quirlige Kleinstadt – Hochburg
des algarvischen Karnevals, der zur Zeit der Mandelblüte drei Tage lang gefeiert wird und mit
einer Blumenschlacht endet –, war einst eine be-

deutende Maurenstadt mit einer Burg, die Gegenstand einer aus jener Zeit überlieferten Sage ist.
Sie handelt, wie viele arabisch-algarvische Legenden, von verzauberten Prinzessinnen:

Der Fürst, der Als die Truppen des portugiesischen Königs
Tischler und die sich anschickten, Loulé den Mauren zu entreißen,
Prinzessinnen führte der arabische Gouverneur der Stadt – so
berichtet die Legende – seine drei Töchter durch
einen unterirdischen Geheimgang zu einer Quelle, machte sie unsichtbar und bannte sie dort.
Jahre später kaufte er in Tanger, wohin er geflüchtet war, auf dem Sklavenmarkt einen Tischler aus
Loulé. Er ließ ihn frei und gab ihm drei Brote mit,
die der Tischler nach seiner Rückkehr am Vorabend des Johannistages in die verzauberte Quelle werfen und dabei den Namen der drei Prinzessinnen, die in die Brote eingeritzt waren, rufen
sollte.

Der Tischler erklärte sich einverstanden. Sein
Befreier hieß ihn über ein Wasserbecken sprin-
gen, und – hopp! – schon war der Mann zu Hause
bei seiner Familie. Die Brote versteckte er in einer
Truhe. Dort entdeckte sie seine Frau, nahm heimlich eins heraus und schnitt es an. Zu ihrem Ent-
setzen quoll Blut heraus. Schnell steckte sie das
Brot wieder in die Truhe.

Am Vorabend des Johannistags nahm der
Tischler die Brote und ging zur Quelle. Er warf
das erste Brot ins Wasser und rief den Namen der
ältesten Prinzessin: »Sara!« Und siehe da: Ein
schönes Mädchen stieg aus dem Wasser auf und
entschwebte. Ebenso war es mit dem zweiten
Brot, Lydia erschien und verschwand. Nur der
dritte Versuch wollte nicht gelingen. Cassima, die
jüngste Prinzessin, rührte sich nicht. Nach einer

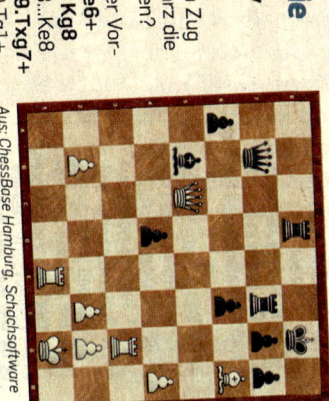

tele-Partie

Jianu – Popov
Dresden, 2007

Nach welchem Zug musste Schwarz die Waffen strecken?

Lösung von der Vorwoche: **27.Sxe6+ fxe6 28.Df4+ Kg8** [zäher war 28...Ke8 29.Txg7+] **29.Txg7+** [29.... Kxg7 30.Tg1+ Kh7 31. e4#] **1–0**

Aus: ChessBase Hamburg, Schachsoftware für PC. www.chessbase.de

e sie aus dem Wasser und sagte, sie müsse en, weil des Tischlers tzt und damit ihre t habe. Der Mauren- darauf wieder nach mit reicher Beloh- den älteren Töchter. heute noch hin und enden Gesang der

cht

Wir lassen Loulé hinter uns, durchqueren Salir und fahren auf einer kleinen Straße nordwärts, den Bergen entgegen. Dörfer mit weißgetünchten Häusern und leuchtendem Blumenschmuck, Obstplantagen und Orangenhaine, riesige Agaven am Straßenrand. Die Erde glüht ziegel- bis blutrot. Die grünen Bergketten der *Serra do Caldeirão* rücken näher, und bald sind wir mittendrin. Schmale Serpentinen, sanfte Anhöhen, weite Ausblicke. Stille und Einsamkeit. Weiter über *Alte* und *São Bartoloméu de Messines* in Richtung *Silves*. Esel, Windmühlen; eine alte Frau im landesüblichen Altweiberschwarz streicht mit Pinsel und Farbtopf ihr Häuschen an.

Stille und Einsamkeit

Silves besteht überwiegend aus Burg: einem gewaltigen arabischen Kastell aus rotem Sandstein mit unvorstellbar hohen Mauern, eckig im Grundriß und mit Zinnen gesäumt. Ansonsten gibt es in Silves einen Springbrunnen, ein Café mit

Gewölbe und den obligatorischen Azulejos, pastell-
farbene Häuser in Rosa und Lehmgelb, einige Menschen und zahlreiche Straßenhunde, die allein oder
in Rudeln das Kopfsteinpflaster bevölkern.

Die maurische Viel mehr gäbe es von Silves nicht zu berichten,
Metropole der wäre es nicht einstmals so bedeutend gewesen.
Algarve Zur Zeit der Araber- (»Mauren«)-Herrschaft zwischen dem 8. und 13. Jahrhundert war die Stadt
nämlich das Zentrum der blühenden Provinz Algarve, hieß *Xelb* (oder Xilb), zählte dreißigtausend
Einwohner, besaß zwanzig Moscheen, reiche
Marmorpaläste und luxuriöse Bazare, war kultu-
reller und geistiger Mittelpunkt, ein wichtiger
Handelshafen (der *Rio Arade* versandete später),
wurde von Dichtern besungen und von arabischen Chronisten mit Córdoba und Granada verglichen. Heute erinnern nur noch die Überreste
der großen roten Burg an diese glorreiche Zeit. Im
Innern des Burggemäuers ein schöner Garten mit
gestutzten Hecken, ein wenig Wildwuchs; zwei
Zisternen, eine sechzig Meter tief. Das ist alles.
Dort, wo einst eine bedeutende Moschee stand,
ragt heute eine Kathedrale gen Himmel; drei Kir-
chenschiffe mit achteckigen Pfeilern, ein Chorge-
wölbe im gotischen Flamboyantstil, eine gotische
Madonna mit Kind. In Altarnähe sind starke wir-
belartige Kraftströme zu spüren.

Die Araberzeit: Hochblüte von Kultur und Wissenschaft

Die Araber – überwiegend Berber und Syrer in
Südportugal, Ägypter und Sudanesen im mittle-
ren Landesteil –, die der Algarve fünfhundert

Jahre ihren Stempel aufdrückten, waren die tole-
ranteste Besatzungsmacht, die es je gab. Sie
mischten sich nicht in die inneren Angelegenhei-
ten des besetzten Landes. Christen und Juden
durften weiter ihrem Glauben nachgehen und
Kirchen, Klöster und Synagogen bauen. Der libe-
rale Führungsstil der Araber wurde selbst von
Feinden bewundert. »Diese sich weit öffnende
Menschlichkeit und Toleranz des ritterlichen
Arabertums ist es, in derem milden Schein die so
verschiedenartigen Völker und Religionen in er-
staunlicher Eintracht zusammenleben und plötzlich zu gedeihen beginnen«, schreibt Sigrid Hunke in »Allahs Sonne über dem Abendland«.

Die Mauren waren – das haben wir *nicht* in der
Schule gelernt – die großen Lehrer des Abendlan-
des. Sie brachten die Papierherstellung (die sie **Die großen**
von den Chinesen gelernt hatten), Druckerpres- **Lehrer des**
sen und Bücher, Zahlschrift und hohe Rechen- **Abendlandes**
kunst nach Europa, entwickelten Arithmetik und
Algebra. Sie waren großartige Astronomen, Architekten, Schiffbauer, Künstler und Philosophen. Alhazen (965 – 1040/41) erfand die Lese-
brille und berechnete die Höhe der Erdatmosphä-
re. Al-Biruni erkannte fünfhundert Jahre vor
Kopernikus, daß die Erde sich um ihre eigene
Achse dreht und die Sonne umkreist. Die Araber
führten eine sanfte, fortschrittliche Heilkunst und
ein hervorragendes Apotheken- und Sanitätswe-
sen ein. Sie waren von einer körperlichen Rein-
lichkeit, wie man sie sich damals in Europa nicht
vorstellen konnte. Sie erfanden die Vollnarkose.
Und und und . . .

Suche nach Wissen von der Wiege bis zum
Grabe, hatte Prophet Mohammed gesagt. »Denn

wer nach Wissen strebt, der betet Gott an.« Das galt übrigens gleichermaßen für Männer und Frauen. Es gab damals unter der arabischen Bevölkerung auf der iberischen Halbinsel nicht nur Studentinnen, sondern auch Professorinnen, und sie mußten keineswegs verschleiert herumlaufen. (Mohammed hatte den Frauen lediglich eine Bedeckung ihrer weiblichen Reize, speziell des Busens, empfohlen.)

Die Araber lösten in Spanien und Portugal einen gewaltigen Aufschwung hinsichtlich Kultur und Wissenschaft aus. Die schönsten Baudenkmäler hinterließen sie im spanischen Andalusien. Wenn Sie über Südspanien einreisen, sollten Sie das unvergleichliche Juwel der arabischen Baukunst, die Alhambra in Granada, besichtigen. In Portugal bauten sie überwiegend mit den wenig haltbaren luftgetrockneten Lehmziegeln. So blieb außer einigen Burgen, von denen die besterhaltenen in Silves und Sintra stehen, nicht viel an Bauwerken übrig. Zu Moscheen funktionierten sie meist Kirchen um. Rund vierhundert Wörter der portugiesischen Sprache stammen aus dem Arabischen, ferner die Kacheln und Kamine; auch dem Fado schreibt man maurische Einflüsse zu, was jedoch umstritten ist wie alles, was mit dieser Gesangsform zu tun hat.

Wie die Mandelbäume an die Algarve kamen Vor allem aber vererbten die Mauren eine Unzahl von Märchen und Legenden, darunter auch jene, die erklärt, wie die Mandelbäume an die Algarveküste kamen: In Xelb (Silves) heiratete ein Maurenherrscher eine nordländische Prinzessin namens Gilda, die bald an Heimweh erkrankte, besonders weil ihr der Schnee ihrer Heimat fehlte. Eines schönen Frühlingsmorgens aber führte ihr

Maurische Burg in Mértola

Gemahl sie auf einen Turm der Burg – und wie groß war ihr Staunen, als sie das ganze Land mit einer weißen, rosig schimmernden Decke überzogen sah! Es war die Zeit der Mandelblüte. Der verliebte Gemahl hatte in der ganzen Umgebung Mandelbäume anpflanzen lassen. Gilda war vom Heimweh kuriert, und so lebten sie glücklich bis ans Ende ihrer Tage.

In der Algarve entwickelte sich zu jener Zeit eine reiche arabisch-algarvische Literatur und Dichtkunst, deren Produkte am Hof von Córdoba vorgetragen wurden. Ihre höchste Blüte erreichte sie in Xelb während des 11. Jahrhunderts unter der Herrschaft des jungen Poetenfürsten Moham-med Ibn Abade Al-Môtamid, dem Sohn des Kö-nigs der Algarve, Al-Môtadid von Sevilla. Drei große Dichter gingen aus ihr hervor: Ibn Amman, Ibn Al-Milh und As-Mississi. Auch in Faro gab es eine berühmte Dichterschule. Xelb brachte ferner bedeutende Wissenschaftler und Philosophen

Der Poetenfürst

hervor. Das Dichten war auch innerhalb der Bevölkerung sehr beliebt, dieweil sich der Herrscher mehr um die Musen kümmerte als ums Regieren.

Der Untergang von Xelb

Man kann sich vorstellen, wie groß der geistige Rückfall gewesen sein muß, als die katholischen Portugiesen 1249 die letzte Bastion der Mauren in Portugal, die Algarve, zurückeroberten. Die muslimischen Herrscher hatten keinerlei Denkvorschriften erlassen. Philosophie und Wissenschaft, Kunst und Mystik durften blühen, wie sie wollten. Von nun an aber waren Wissen und Wissenschaft ein Privileg der Kirche, wurden nach und nach rationiert und schließlich nur noch zensiert weitergegeben. Zwar konnte, was über Jahrhunderte an neuen Erkenntnissen gewonnen und verbreitet worden war, gerade im liberalen Portugal nicht so schnell verlorengehen: So nimmt man beispielsweise von den Templern, die die führende Institution im Lande wurden, an, daß sie über islamisches Wissen verfügten – auch über jüdisches – und mit eingeweihten Sufis (islamischen Mystikern) in Kontakt standen. Spätestens aber zu Beginn des 16. Jahrhunderts, als der spanische Einfluß sich verstärkte und die Inquisition auch in Portugal hereinbrach, versank das Land in der »dunklen Nacht des Wissens«.

Rückfall ins finsterste Mittelalter

An der *Reconquista*, der Rückeroberung der Algarve durch die Portugiesen, soll eine junge Araberin beteiligt gewesen sein. Ob sie verliebt oder bestochen war, ist mir nicht bekannt. Jedenfalls sagt man, daß sie den Soldaten des Portugie-

Silves: Cruz de Portugal und Maurenburg

senkönigs Afonso III. ein Stadttor von Xelb geöffnet habe, weswegen dieses (beim Ortszentrum) bis heute das »Tor des Verrats« genannt wird.

Xelb hatte zuvor heroischen Widerstand geleistet. Mit Hilfe ausländischer Kreuzfahrer wurde die Stadt schließlich erobert, ihre arabischen Einwohner wurden getötet oder versklavt. Der Glanz von Silves verblaßte ebenso, wie Fluß und Hafen versandeten. 1755 kam das große Erdbeben, das einen Großteil der Stadt zerstörte. Heute ist das ehemalige Xelb ein hübsches kleines Städtchen mit einer großen roten Burg. In ihren Mauern stand einst ein Palast, der wegen seiner Schönheit von Dichtern besungen wurde. Er hieß Alcácer Axarájibe, der Palast der Verandas.

Auf, Abu Bakr, grüße mir meine Hausgeister in Xelb
und frage sie, ob sie sich meiner erinnern.
Grüße mir den Palast der Verandas von einem Jüngling,
den eine unbezwingliche Sehnsucht erfüllt
nach seiner Burg.   *Al-Môtamid*

Die Berge, die Küste und die Touristen

Al Gharb, Land des Sonnenuntergangs, hatten die
Mauren die Südprovinz Portugals genannt. Dank
ihrer hervorragenden Kenntnisse auf dem Gebiet
der Bewässerungstechnik verwandelten sie die
Algarve in einen fruchtbaren Garten. Mandeln
gedeihen hier und Zitrusfrüchte, Feigen, Wein,
Gemüse und Oliven. Vor dem rauhen Nordwind
schützen Gebirgszüge, darunter die *Serra de Monchique* (von Silves aus zu erreichen) mit Schluch-
ten und Wasserfällen und Wäldern voller Edelka-
stanien, Eichen, Korkeichen, Pinien, Eukalyptus-,
Walnuß- und – die gibt's tatsächlich! – Erdbeer-
bäumen, aus deren Früchten ein hocharomati-
scher Schnaps hergestellt wird; mit gutem Quellwasser und heilkräftigen Thermen in *Caldas de
Monchique,* die schon die Römer nutzten, und der
höchsten Erhebung, dem *Foía* (902 Meter), von
dessen Gipfel man die Algarve samt Küstenstrei-
fen überblicken kann.

Die Küste selbst mit ihren zerklüfteten roten
Felsen, weißen Sandstränden und kleinen Buch-
ten ist fest in den Händen ausländischer Touri-
sten. Aus romantischen Fischerdörfern wurden
Betonsiedlungen (Sagres ist eine der wenigen
Ausnahmen). Al Gharb ist nicht mehr, was es war.
Sogar das Wasser wird jetzt manchmal knapp.
Vor dem Ansturm der Touristen hat das Bewäs-
serungssystem der alten Mauren kapitulieren
müssen.

Mértola
und der südliche Alentejo:
Ein Kloster mit Künstlern
und die Portugiesische Nonne

Der Convento de São Francisco:
Ein lebendiger Kraftplatz

Portugal ist reich an alten Orten der Kraft. Plätze mit einer besonderen Energie, die durch ein sakrales Bauwerk gebündelt, verstärkt und genutzt wurde: die gewaltige Klosterkirche *Batalha*, das Templerkloster in *Tomar,* die Zisterzienserklosterkirche in *Alcobaça,* die alten Kathedralen . . . wir werden sie im Verlauf unserer Reise besuchen. Bis auf einige wenige Kirchen, die noch überwiegend der Verehrung Gottes dienen, haben diese Bauwerke im Grunde genommen nur noch eins gemeinsam: Ihr Daseinszweck besteht heute darin, Sehenswürdigkeit zu sein.

Die Kirchen und Klöster

Ganz anders der Convento de São Francisco in *Mértola.* Kein beeindruckendes Monument; Besichtigung und Fotografieren sind nicht erwünscht (ein Besuch wohl, doch darauf kommen wir später). Aber: Hier werden wir mit dem überaus seltenen, kostbaren Beispiel eines lebendigen Kraftplatzes konfrontiert.

Ein altes Kloster auf einem Hügel über einem Fluß, eine Kirchenruine, Storchennester auf den Dächern. Gegenüber, am anderen Flußufer, das

Städtchen Mértola, in das sich neuerdings sogar einige Touristen verirren, obwohl die Wege, die dorthin führen, weit und die Straßen nicht die besten sind. Jahrhunderte-, möglicherweise jahrtausendelang war der Platz, auf dem das ehemalige Kloster steht, geheiligt. Franziskaner, später Templer haben hier gelebt; zuvor hatten hier Mauren, davor Römer, Phönizier und in vorgeschichtlicher Zeit Keltiberer gesiedelt und wahrscheinlich genau hier ihre Andachtsstätten errichtet. Zwei Flüsse, ein Hügel, eine Quelle – ein guter Ort in Zeiten, als noch das Gefühl dafür lebendig war.

Heute ist das Kloster im Besitz eines holländischen Künstlerpaares. Es bemüht sich seit mehr als zehn Jahren, diesen einst heiligen Platz so wiederzubeleben, daß seine besondere Energie Pflanzen, Tieren, Menschen, Kunst und Umwelt zugute kommt.

Mértola: Kloster-
ruine und Burg

Mértola, alte Römerstadt

Es ist schon dunkel, als wir in Mértola ankommen. Die Straßen Portugals lassen größtenteils eine genaue Zeitplanung wegen ihrer schlechten Beschaffenheit nicht zu. Die Lichter der kleinen Stadt spiegeln sich im glatten Wasser des Rio Guadiana. Mértola zieht sich an einem Hügel hoch und wirkt ein bißchen maurisch; blumengeschmückte weiße Häuschen in engen Gassen und zuoberst eine große Burg.

Unmittelbar darunter erhebt sich eine große, eckige, schneeweiße Pfarrkirche, deren Stufenzinnen am Dachansatz ganz offensichtlich auf eine ehemalige Moschee schließen lassen. Doch gerade die Zinnen und Kegel stammen ausgerechnet nicht aus der Maurenzeit, sondern aus dem 16. Jahrhundert. Dennoch war die heutige *Igreja Matriz*, die Pfarrkirche, einst eine bedeuten-

Mértola mit Burg und Pfarrkirche

de Moschee. Erst im 16. Jahrhundert machte man sich die Mühe, sie in ein »ordentliches« katholisches Gotteshaus umzuwandeln. Die schlanken arabischen Säulen mit ihren kunstvoll gemusterten Kapitellen, die Gebetsnische mit Muschelbogen hinter dem Hochaltar und der Hufeisenbogen über der Sakristeitür erinnern noch an die islamische Vergangenheit. Der fünfschiffige Innenraum ist quadratisch und hat sechzehn Deckengewölbe, die sich auf neun Säulen stützen.

Eine »alte und schöne Stadt« Im Abendlicht fotografieren wir die Moschee-Kirche und die Burg. Es ist zehn Uhr, als wir fertig sind. Die kleinen Straßen sind menschenleer. Überall berauschender Duft aus Orangenhainen.

Mértola war einmal römisch. Die Römer nannten die Stadt »Myrtillis«, und der Geograph Ptolemäus rühmte sie im 2. Jahrhundert unserer Zeitrechnung als »alte und schöne Stadt«, was sie auch heute noch ist – nur daß wir heute angesichts der sechstausend Einwohner eher von einem Städtchen reden würden.

São Francisco, das Kloster der Künstler

Wir übernachten in der Beira Rio, einer kleinen Pension mit rührend um unser Wohl besorgten Inhabern. Morgens überqueren wir den Guadiana, in den hier ein kleinerer Fluß, der Rio Oeiras, mündet, und fahren zu dem bereits erwähnten holländischen Ehepaar hinüber. Den *Convento São Francisco* (Hinweisschild links an der Straße) haben Kees und Geraldine Zwanikken vor mehr als zehn Jahren aus Privatbesitz gekauft. Sie entdeckten ihn anläßlich eines Ferienaufenthalts und

spürten sofort, daß es ein ganz besonderer Platz
ist, obwohl Ziegen das Land kahlgefressen hatten
und vom einstigen Franziskanerkloster nur noch
traurige Überreste vorhanden waren. Trotz eines
staatlichen Subventionsangebots verzichteten sie
darauf, es in ein Hotel zu verwandeln. Sie zogen
es vor, die spezielle Energie und die heile und
heilige Atmosphäre des Ortes wiederzubeleben
und zu nutzen. Ihre Devise: »Kunst in Einheit mit
Natur«.

Kees und Geraldine betreiben auf dem großen **Kunst in Einheit**
Klostergelände biologischen Obst- und Gemüse- **mit der Natur**
anbau. Sie veranstalten Seminare für Malerei und
Bildhauerei, für Tanzen, Yoga, Zen und Meditation. Bisweilen kommt ein Zen-Meister von weit-
her angereist, während unseres Besuchs hat sich
eine Kunstklasse aus Amsterdam in der Kirchenruine, dem wildromantischen Innenhof, der großen Küche und den Zellen breitgemacht. Skizzen,
Collagen, Bilder, Fragmente künftiger Kunstwer-

ke beherrschen die Szenerie. Die Zellen des ehemaligen Klosters richten Kees und Geraldine nach und nach ganz wieder so her und ein, wie sie einst ausgesehen hatten, als die Franziskaner hier wohnten: schlicht und schön. Die Küche wird geprägt von einer langen Tafel vor dem alten Kamin, die Wände sind weiß gekalkt, die Schränke leuchtend blau, künstlerische Unordnung auf dem Tisch. Von der Decke baumeln Trockenblumen. Ab und zu schaut ein Hund herein. Draußen Gänse, Hühner, Hunde, Katzen, Pferde, Skulpturen und bunte Bilder. Überall wächst und wuchert und gedeiht es. Rundum krähen Hähne, zwitschern Vögel. Störche haben sich hier angesiedelt, zehn Paare zählt man schon – ein Zeichen übrigens, daß das Gebäude frei von schädlichen Erdstrahlen ist, denn die Tiere sind sehr strahlenempfindlich. Für sie reservieren und schützen die Zwanikkens eine zum Kloster gehörende Ruine auf dem Nachbarhügel. Auch Falken leben dort.

In den Mauern der ehemaligen Klosterkirche herrscht eine friedliche und inspirierende Atmosphäre. Hier wird gemalt und meditiert. Man blickt über den Fluß auf die roten Ziegeldächer von Mértola. In dieser Kirche stand einst eine **Die weinende** Statue des heiligen Antonius von Padua (der aus **Statue** Portugal stammte). Im Jahr 1753 soll die Statue zwei Tage lang geweint haben, wie von verschiedenen Mönchen und Bewohnern der Stadt bezeugt wurde. Der Anlaß sei ein furchtbares Unwetter gewesen. Es gibt Menschen, die behaupten, daß die Figur auch heute noch bisweilen Tränen vergieße. Zur Zeit des Wunders befand sich die Statue im Kloster São Francisco, heute steht sie in der Pfarrkirche zu Mértola.

Auf einer Anhöhe des Geländes finden wir einen kreisrunden Platz mit sternförmig angeordneten Steinen im Boden: ganz offensichtlich eine ehemalige Kultstätte (die später als Dreschplatz gedient haben soll). Vermutlich stand hier einst ein Römertempel. Wir lassen uns nieder. Aus der Ferne hören wir das »Määäh« von Schafen und den blechernen Klang von Kuhglocken. Storchenschnäbel klappern, Grillen zirpen, Insekten summen. Die Sonne scheint uns auf den Kopf, und es geht ein leichter Wind. Außer einem tiefen Frieden geht noch etwas anderes von diesem Ort aus, das man nicht schildern kann. Ein Huhn gesellt sich gackernd zu uns, Schmetterlinge überall. Später besuchen wir in den üppig gedeihenden Obstfeldern des Anwesens die *Nora*, das uralte Brunnenhäuschen, und trinken kühles, klares Wasser.

Ein Ort tiefen Friedens

Selten ist uns ein Abschied so schwergefallen.

Die Zwanikkens nehmen Besucher auf, aber nur solche, die mit Kunst, Ökologie oder Meditation zu tun haben, sich mit Ornithologie befassen oder an einem Workshop teilnehmen möchten, auf jeden Fall aber Respekt und Verständnis für gute Plätze mitbringen. Eine Besichtigung unter touristischem Aspekt ist nicht erwünscht.

Castelo Noudar:
Eine Burg im verlassenen Grenzland

Den im folgenden geschilderten Ausflug an die spanische Grenze sollten Sie nur dann in Angriff nehmen, wenn Sie einen guten Wagen besitzen, mit zäher Ausdauer ausgestattet sind und sich

unbedingt in den Kopf gesetzt haben, eine Halb-
tagesreise auf zweifelhaften Straßen zu wagen,
um eine ganz und gar verlassene Burgruine in
vollkommener Wildnis zu besuchen: das *Castelo
Noudar* bei *Barrancos.*

Serpa, Moura und der Weg in die Wildnis

Wir brechen also auf, zunächst nach *Serpa.* Unter-
wegs weites Hügelland, Eukalyptuswälder, nur
sehr vereinzelt Ansiedlungen. Weiden mit Schafen und Kühen; Wiesen mit einzeln darüber ge-
streuten Bäumen. *Mina São Domingo.* Ein Stausee
mit einer Insel, ein weißes Dorf mit flachen Häusern. Eukalyptus über Eukalyptus, auch als Allee.
Das Aprilgrün der Wiesen, zart und frisch und
unwirklich! Blümchen in allen Farben; rotbraune
Äcker. Sattgelb leuchtet der Raps.

**Berge,
Landhäuser und
Zigeuner**

Dann wird es wilder: *die Serra de Serpa.* Serpentinen, struppige Berge. Bei einem alten Brunnenhäuschen mit wunderbarem Quellwasser machen wir Picknick. Um Serpa herum Berge, alte
Villen, ein luxuriöses Landhotel, portugiesisch
Pousada. Dort ein Zigeunerlager mit Pferden und
Karren: dunkle Menschen in Kleidern von tief-
bunten Farben, unter Zeltplanen wohnend. Bitterarm, wild und frei. Gruppen dieser Art treffen wir
noch oft in Portugal.

Serpa. Mittelalterliche Burgruine, Stadttore, alte Mauern; Santa Maria, eine gotische Kirche, mit
Azulejos im Innern, zwei Klöster – Santo Antonio
und São Paolo – und die Kapelle Nossa Senhora
de Guadeloupe (auf einem Hügel südlich des Or-

*Rechts:
Uraltes Brunnen-
häuschen bei Serpa*

tes gelegen). Weiße Häuser mit erstaunlich kleinen Türen und Fenstern. Einst maurisch.

Dann kommt *Moura*, eine gemütliche Klein-

stadt, weniger maurischen Charakters, als es Name und Geschichte vermuten lassen. Hier hat Al-Môtadid, der Emir von Sevilla und König der Algarve, seine Werke verfaßt. In der Nähe des Zentrums gibt es ein ehemaliges arabisches Viertel mit engen Straßen, niedrigen Wohnhäusern und hohen Kaminen sowie, beim Largo da Mouraria, ein restauriertes maurisches Wohnhaus. Ih**Die unglückliche** ren Namen, Moura, zu deutsch »Maurin«, ver**Maurin** dankt die Stadt der arabischen Burgherrin Salúquia, die sich hier von ihrer Burg stürzte. Sie hatte – in gutem Glauben – als Mauren verkleideten christlichen Kriegern das Tor geöffnet. Einer anderen Überlieferung zufolge war es die Nachricht, daß christliche Truppen ihren Geliebten getötet hatten, die sie zum Selbstmord trieb. Vermutlich sind beide Versionen wahr. Im übrigen besitzt Moura eine Kirche aus dem 15./16. Jahrhundert – São João Baptista – mit manuelinischem Portal, ein Thermalbad und ein Museum mit Funden aus der Römerzeit (an der Rua da Romeira).

Das einsame Castelo

Hinter *Safara* beginnt menschenleeres Bergland. Zwischen alten Bäumen und hellen Steinhaufen weiden Ziegen und Kühe. Blühende Sträucher. Herrliche Ausblicke in die Berge. Nur selten, vereinzelt, Gehöfte. Wildnis, so weit das Auge reicht. Auf abenteuerlicher Pistenfahrt durch verlassenes Grenzland nähern wir uns dem *Castelo Noudar*, das 1346 vom Avis-Ritterorden gebaut wurde. Einsam liegt es auf einem Berg. Kein Mensch weit und breit, weder Haus noch Auto. Nur schweigende Berge und in der Tiefe ein gewundenes Flüßchen. Mächtige Burgmauern, ganz in-

takt. Im Innern freigelegte Mauern, Mäuerchen
und viele Löcher (Vorsicht!), die Einblick in fin-
stere Keller und Gewölbe geben. Man sollte unbedingt nur den ausgetretenen Pfaden folgen.

Wir sind allein mit Vögeln und Insekten. Hier
soll es noch Geier geben. Es ist früher Abend,
warm und still. Horst wühlt in den Steinhaufen
herum, auf die die Arbeiter (es wird zur Zeit
restauriert) den Schutt aus der Burg werfen. Er
fördert Knochen, rätselhafte Eisenteile, Splitter
von Töpfergefäßen zutage. Wie ein Maulwurf
verschwindet er von Zeit zu Zeit in einem Loch
auf dem riesigen Burggelände.

Plötzlich bin ich allein. Ich rufe – keine Antwort. Ich stehe bei einer halbzerfallenen Kirchenruine, aus der heraus es heftig gruselt. Beklom-
menheit macht sich breit. Wo ist der Ausgang?
Keine Ahnung, welches von den vielen kleinen

*Das Castelo Noudar
im Grenzland*

Toren in der dicken Burgmauer das einzig offene
ist, durch das wir hereingekommen sind. Nach
einer langen, bangen Weile sehe ich Horst im
Turm wieder auftauchen.

Ein kleiner Trampelpfad führt ganz um die
Burg herum. Außerhalb der Mauer ist es friedlich
und atemberaubend schön. Nur ein einziges Ge-
höft läßt sich von hier oben ausmachen. Schwal-
ben kreisen. Das Plätschern des Flüßchens klingt
aus der Tiefe herauf, sonst nichts. Die Sonne färbt
sich rot, als wir den wilden Ort verlassen. Rost-
braune und beigefarbene Kühe und Ziegen kreuzen unseren Weg. Warm leuchten die grünen Berge in der Abendsonne. Roter Mohn steht in den
Wiesen. Ein Kaninchen hoppelt über die Straße.

Beja und die trauernde Nonne

Hans Magnus Enzensberger gefiel die Stadt nicht:
»Die Ruhe, die in Beja herrscht«, schrieb er, »ist
von Verzweiflung schwer zu unterscheiden. Wie
überall auf der Welt zeigt ein häßliches Kastell
seine nackten Mauern und seine öden Kanonen
vor. Der einsame Bahnhof aus dem Jahr 1940 sieht
so aus, als wäre er 1912 erbaut . . . Auch der Stadt-
park mit seinem Musikpavillon und seinem En-
tenteich stammt aus einem vergilbten Album . . .«

»Die Königin der   Die Reiseführer hingegen berichten uns, daß
Ebene«   man *Beja* die »Königin der Ebene« nennt, sprechen vom »charmanten Altstadtkern« und einem
»hübschen Städtchen zum Bummeln«. Letzteres
meinen wir auch. Es gibt ein Kirchlein mit uralten
Figuren aus westgotischer Zeit, mit mozarabi-
schen und byzantinischen Bauelementen, das

Santo Amaro heißt und jedenfalls in seinen ältesten Teilen aus dem 7. Jahrhundert stammt. In
Beja stehen der höchste Bergfried Portugals (40
Meter hoch) und eine Renaissance-Kathedrale.
Beja war Keltensiedlung, römische Militärstadt –
an der Straße nach Faro, in *Pisões,* sind Überreste
einer römischen Villa mit schönen Mosaiken zu
besichtigen –, Bischofssitz unter den Westgoten
und fiel 715 an die Araber.

Aber deswegen sind wir nicht hier. Wir wollen
Mariana besuchen, die berühmte »Portugiesische
Nonne«, die in Beja gelebt und gelitten hat. Durch
Rilke ist ihre tragische Liebesgeschichte in
Deutschland, durch andere Übersetzer in ande-
ren Teilen der Welt bekannt geworden.

Die poetischen Briefe der armen Mariana

Mariana Alcoforado (1640–1723) lebte als Nonne
im Klarissinnenkloster *Nossa Senhora da Conceição*
– Mariä Empfängnis – zu Beja, das heute noch
existiert. Vom Fenster ihrer Zelle aus erblickte sie **Die Nonne und**
eines Tages – sie war damals 25 – einen hübschen **der Edelmann**
französischen Offizier, den Grafen Chamilly. Mariana verliebte sich und setzte Himmel, Hölle und
ihren Bruder, der im Regiment des Grafen diente,
in Bewegung, um Chamilly kennenzulernen. Der
Bruder vermittelte, die beiden trafen sich fortan
heimlich im Kloster. Zwei Jahre später wurde der
Graf nach Frankreich zurückbeordert und kam
nicht mehr wieder. Mariana schrieb ihm fünf
herzerweichende Briefe, die von so großer Schönheit und literarischer Qualität waren, daß sie bald
darauf in Paris veröffentlicht wurden. 1913 über-
trug sie Rainer Maria Rilke ins Deutsche. Er
schrieb dazu: »Ja, die Stimme der Mariana Alco-

Mariana Alcoforado.
Stich von Massard
(1770)

forado, Nonne zu Beja, ist eine der wunderbar-
sten, gültigsten durch die Zeiten hin – heute wie
je. Wie könnte das je anders werden: der Schrei
wird immer der gleiche sein. (Nur hat nicht jedes
Herz eine so starke Stimme in seinem Leid!) – die
Frauen haben ja nichts als diese unendliche Be-
schäftigung ihres Herzens, dies ist ihre völlige
Kunst, an der die Männer – die im ganzen anders
beschäftigt sind – nur momentan, als Pfuscher
und Dilettanten oder, was schlimmer ist, als Usu-

Chamilly, der Geliebte Marianas. Porträt von Noël Bouton

riers des Gefühls, bestärkend und schon wieder verstörend, Anteil nehmen . . .«

»Mein Leben war Dir zugefallen«, schreibt Mariana im ersten Brief an den Grafen, »im Augenblick, da ich Dich sah, und ich freue mich irgendwie, es Dir zu opfern . . . Ach, ach, was sollte ich tun, ohne dieses Übermaß von Haß und Liebe in meinem Herzen?«

»Ich habe ihr [der Oberin] alles gestanden. Die strengsten von den Nonnen haben Mitleid mit meinem Zustand . . . Es gibt keinen, den meine Liebe nicht irgendwie rührte, nur Du allein bleibst bodenlos gleichgültig, schreibst mir Briefe von einer Kälte, voller Wiederholungen . . .«

In ihrem dritten Brief schreibt Mariana: »Ach, ich bin namenlos beklagenswert, weil ich meine Leiden nicht mit Dir teilen kann . . . Man hat mich seitdem zur Pförtnerin in diesem Kloster gemacht. Alle, die zu mir sprechen, halten mich für wahnsinnig; die Nonnen müssen ebenso von Sinnen sein wie ich selbst, daß sie meinen konnten, ich wäre imstande, auf irgend etwas aufzupassen!«

Mariana wird aufs bitterste enttäuscht. Die Briefe, die der Graf ihr schreibt, sind kalt und teilnahmslos. In ihrem Versuch, sich zu befreien, geht sie so weit, einen anderen Liebhaber in Erwägung zu ziehen. Aber: »Ich habe die Erfahrung gemacht, daß ein Herz nie mehr über den Anlaß hinauskommt, der es zuerst gerührt und ihm die unbekannten Kräfte gezeigt hat, deren es fähig war. Alle seine Antriebe beziehen sich auf den Götzen, den es sich gebildet hat, seine ersten Wunden sind weder zu heilen, noch ungeschehen zu machen.«

Nach langem Ringen und Leiden ist sie schließlich, wenn auch nicht geheilt, so doch ernüchtert. »Du tatest alles«, heißt es in ihrem letzten Brief an Chamilly, »wessen es bedurfte, Liebe in mir aufzuregen: aber ich habe endlich diese Verzauberung abgeschüttelt.«

Später stellte sich heraus, daß höchstwahrscheinlich nicht Mariana selbst diese Briefe schrieb, sondern ein französischer Diplomat, Gabriel-Joseph de Guilleragues, der von der tragi-

schen Begebenheit erfahren hatte und sie sogleich
in Literatur umsetzte.

Die Geschichte selbst aber ist authentisch. Mariana, deren Schicksal seitdem einige Schriftstel-
ler und Schriftstellerinnen sowie viele Maler, darunter Matisse und Modigliani, beschäftigt hat
(1990 gab es in Beja eine Mariana-Ausstellung),
starb 1723 im Kloster, dreiundachtzigjährig,
nachdem sie – so ist es dort verzeichnet – »sich
dreißig Jahre lang Bußübungen unterzogen hat«.
Im Totenschein wird sie als »beispielhaft« und
»von großer geistiger Klarheit« bezeichnet.

Graf Chamilly hingegen heiratete eine reiche
und häßliche Französin und wurde dick.

Marianas Kloster

Das Convento Nossa Senhora da Conceição wirkt
trotz reicher, bunter Kachelverzierung streng und
schwer. Man kann sich gut vorstellen, wie Mariana in den dicken Mauern gebüßt und gelitten
hat. Und nicht nur sie. »Man spürt, daß hier einiges passiert ist«, sagt Horst, der feine Sensoren für
die Atmosphäre alter Plätze hat. »Es wurde viel
Leid in die Klostermauern hineingetragen, aber
auch ebensoviel aufgelöst.«

Ein Kloster mit bewegter Vergangenheit

Heute ist das Kloster ein Museum. Marianas
Fenster, aus dem inzwischen verfallenen Origi-
nal-Zellentrakt herausgelöst, ist im ersten Stock
zu besichtigen, das Wappen ihrer Familie im
Wappensaal. In der Kirche vergoldetes Schnitz-
werk. Ein Schnitzaltar mit Szenen aus dem Leben
Johannes des Täufers. An den Wänden blau-weiße Kacheln, auf denen ebenfalls das Leben des
Heiligen dargestellt ist. Zum drittenmal begegnen wir ihm im Kreuzgang, in einer Kapelle. Fer-

ner sind im Klostermuseum prähistorische, römische und westgotische Funde, seltene Azulejos, Goldschmiedearbeiten und Gemälde ausgestellt. Und eine Art Drehscheibe aus dem 16. Jahrhundert, welche die Gaben der Gläubigen zu den Nonnen beförderte. Auf diesem Weg gelangten wohl auch die Botschaften des französischen Galans zu Mariana.

Das Schicksal der Mariana Alcoforado scheint übrigens kein Einzelfall gewesen zu sein. Im 18. Jahrhundert kam Portugal durch die Entdeckung von Gold- und Diamantenminen in Brasilien plötzlich zu ungeheurem Reichtum; König und Adel und mit ihnen die Kirche wurden, wie es heißt, »genußsüchtig und frivol«. Damals führte man eigens den Begriff *freiraticos* ein für die Liebhaber der *freiras*, der Nonnen. Die strengen Jesuiten setzten später durch, daß das unsittliche Treiben ein Ende nahm. Die Nonnen mußten zähne-

Im Kloster
Nossa Senhora
da Conceição

knirschend »zu einer Lebensführung zurückkehren, die ihren Neigungen ganz und gar nicht entsprach«, berichtet ein Schweizer Chronist, Dr.
Merveilleux (nach Cauvin).

Nach dem Besuch im Convento machen wir in
der *Pasteleria* gegenüber, zwischen Eistruhe und
laufendem Fernseher, eine Pause, umgeben von
bunten Küchlein und gegrillten Hähnchen. Zwei
Häuser weiter rechts, nur ein paar Meter vom
Kloster entfernt, wurde Mariana geboren und
großgezogen. Im Erdgeschoß ihres einstigen El-
ternhauses ist heute ein Restaurant untergebracht. Man erkennt es an der grünen Markise.
Arme Mariana. Weit ist sie in ihrem Leben nicht
gekommen.

Südlicher Alentejo:
Das Land der Korkeichen

Von Beja aus fahren wir durch den südlichen
Alentejo in Richtung *Santiago de Cacém* unweit der
Atlantikküste. Das Land, weit und hügelig, ist die
Kornkammer Portugals und größte korkprodu-
zierende Region der Welt. Auf den Hügeln große
Gehöfte, Relikte aus der Römerzeit: die sogenann-
ten *montes*, im Geviert angelegt mit Wirtschafts-
gebäuden und Wohnungen für die Landarbeiter.
Die Römer führten hier den Getreideanbau, die
Araber die Bewässerung der Felder und den Anbau von Reis und Orangenbäumen ein. Nach der
christlichen Reconquista spielten die Ritterorden
die führende Rolle im Land. Sie bauten und re-
staurierten etliche Burgen, die heute noch weit
verstreut in der Landschaft stehen.

Die Kornkammer Portugals

Wir fahren durch *Ferreira*. Ein gepflegter Ort, weitab vom Tourismus, mit herrlichen alten Villen. Umgepflügte Äcker, karamelbraun; Pinien. Korkeichen über Korkeichen, schwarz und krummbeinig im hellgrünen Frühlingsgras. Wiesen und Weiden. Weiße Häuser mit breiten blauen Zierstreifen, ein Blau, nach dem ich süchtig geworden bin. Eine alte Naturfarbe, blaß und doch leuchtend, mit einem Schuß Violett. Die Straße fühlt sich unter den Reifen so an, als hätte man einen alten Römerweg mit einer dünnen Lage Teer überdeckt.

Santiago do Cacém und die Gespenster

Santiago do Cacém zieht sich an einem Hügel empor, abenteuerlich verwinkelt: verblichene pastellfarbige Häuser, steile, enge Straßen. Wir kaufen einen handgemachten kleinen weißen Käse, rund und krümelig, der nach der Gegend schmeckt. Es wird schon dunkel, als wir die Igreja Matriz erreichen, die Pfarrkirche hoch oben auf dem Hügel. Ihre breite weiße Fassade, schön geschwungen, ist gelb und blau verziert. Die Kirche stammt aus dem 13. Jahrhundert und wurde seitdem mehrmals umgebaut. Vom ursprünglichen Bau blieb ein romanisch-gotisches Seitenportal mit Schnitzfiguren erhalten. Im Innern ein Hochrelief aus dem 17. Jahrhundert, das Jakobus den Älteren – São Tiago – zeigt, wie er mit den Mauren kämpft. (Den Schlüssel zur Kirche muß man im kleinen Museum nebenan beim Friedhof holen.)

Unmittelbar neben der Kirche liegt eine alte Burg, die einst von Santiagorittern, die 1217 die Mauren vertrieben, erbaut und später von Templern bewohnt wurde. Im Licht der Scheinwerfer –

*Pfarrkirche von
Santiago do Cacém*

es ist später Abend – spazieren wir auf der mächtigen Mauer rund um das Burggelände herum
und schauen auf das dunkle Land mit den Leucht-
punkten der Stadt und der umliegenden Dörfer
hinunter. Horst und ich umrunden die Burg ge-
trennt. Als ich gegen Ende meiner Tour das alte
Seitenportal der Kirche erreiche, fühle ich mich
plötzlich von unsichtbaren Wesen umzingelt und
gerate in Panik. Seltsamerweise kommen mir die
Worte des »Zikhr« in den Sinn, eines Sufi-Man-
tras: »La illaha ill'allah hu«, zu deutsch etwa: »Es
gibt nur Gott und nichts als Gott«. Ich murmele
sie wie einen Bannspruch vor mich hin, während
ich zum Auto laufe. Horst kommt ebenfalls im
Eilschritt zum Wagen und setzt sich ans Steuer.
»Geister«, sagt er. »Sie haben nach mir gegriffen.«
Nichts wie weg. Auf dem Weg nach *Melides*, wo

wir übernachten, kreuzt ein Fuchs unsere Straße. Ein gutes Omen, behauptet Horst.

In der Nacht nach dem Spukerlebnis habe ich einen seltsamen Traum, in dem ich die »Begegnung der dritten Art« am Kirchenportal in Santiago noch einmal durchlebe. Habe ich dort Wesen getroffen, die man als »verlorene Seelen« bezeichnet, gefangen in der Illusion von Schuld und Schlechtigkeit, wie die Kirche sie zu jener Zeit verbreitete?

Wie kam ich auf den Zikhr? Gab es hier Sufis? Vielleicht zur Maurenzeit? Der Zikhr gilt bei den Sufis tatsächlich als wirksames Mittel, um mit unliebsamen Geisterbegegnungen fertig zu werden.

Am nächsten Morgen fahren wir noch einmal nach Santiago, um die Sache bei Tageslicht zu betrachten. Im Regen wandern wir auf holprigem Kopfsteinpflaster an bunten Häusern mit abgeblättertem Putz und efeubewachsenen Mauern entlang hinauf zu Kirche und Burg. Im Innern der Burgmauer entdecken wir einen Friedhof. Kein Wunder, daß es hier spukt. Friedhöfe soll man nachts nicht besuchen. Die weißen Gräber sind prächtig mit Stoff-, Plastik- und echten Blumen geschmückt. In einer Mauernische lehnt schief ein Skelett, das aussieht, als käme es von einer nächtlichen Knochenparty und hätte den Weg zurück ins Grab nicht geschafft. Zypressen, Stille. Die Sonne spiegelt sich blaß in den Pfützen.

Portugals Ziersucht

Als wir die Burg verlassen, treibt ein heftiger Regenguß uns in ein Café. Wie überall lärmt der Farbfernseher unbeachtet vor sich hin. Nur Männer stehen an der Theke und sitzen an den Tisch-

chen. Wir trinken einen kleinen Kaffee für umgerechnet fünfzig Pfennig. Die Türklinken der Toi-
letten sind mit verschlungenen Messingbeschlä-
gen verziert. Typisch Portugal. Nirgends in Europa ist der Hang zur Verzierung so stark
ausgeprägt. Ihren Höhepunkt hatte die portugiesische Ziersucht im »Goldenen Zeitalter« unter
Manuel I., als der »manuelinische« Baustil geschaffen wurde. Verspielt und verschlungen, heiter bis kitschig und oft großartig vereinte die Ma-
nuelinik auf gotischer Grundlage maritime
Schmuckelemente wie Anker, Muscheln und
Tang, aus Stein gehauen, mit indischen und arabischen Stilelementen. Prägnante Beispiele sind
das Hieronymuskloster in *Lissabon* und die Kirche
des Templerklosters in *Tomar*, das wir noch besuchen werden.

Die Römerruinen von Miróbriga

Zwischen Santiago do Cacém und *Grândola* weist
ein unscheinbares Schild den Weg zu den *ruinas
romanas*. Die Straße ist holprig und mit Schlaglö-
chern übersät. Die Römerruinen von *Miróbriga*   **Römische Stadt**
sind eingezäunt und nur mit Führung zu betre-   **keltischen**
ten. Zwischen Zypressen sieht man unscheinbare   **Ursprungs**
Mauerreste, die dem Kenner viel, dem Laien recht
wenig verraten: spärliche Reste eines Forums, eines Tempels, einer Straße. Miróbriga war eine
römische Stadt keltischen Ursprungs. Man hatte
uns gesagt, hier gäbe es – eine große Seltenheit –
ein Äskulap-Heiligtum. Leider ist Miróbriga geschlossen, als wir ankommen. Vielleicht haben Sie
mehr Glück und finden das Heiligtum.

Nach Grândola zu wird die Vegetation dicht. Es dominieren Korkeichen und Pinien. Flaches Land, weißgekalkte Gehöfte, flach und langgestreckt, und immer wieder dieses Violettblau. In *Velho* bei *Melides* besuchen wir die »Quinta do Moinho Velho«, eine ländliche Feriensiedlung unter deutscher Leitung, dreieinhalb Kilometer vom schönen breiten Dünenstrand Melides' entfernt. Hier kann man angenehm und ruhig wohnen und an Workshops teilnehmen, die sich mit Tanz, Körperarbeit oder Theater beschäftigen.

Évora:
Die freundlichen Riesensteine

Der Steinkreis von Almendres

Évora ist das Zentrum der Megalithmonumente und anderer jahrtausendealter, rätselhafter Riesensteinanlagen. Im warmen Abendlicht fahren wir von Évora in Richtung *Montemor-o-Novo* und biegen in eine Holperpiste ein, dem Schild *Cromeleque dos Almendres* folgend, durch Felder und Korkeichenwäldchen. Plötzlich stehen sie da, die runden Rücken der Straße zugewandt, gewaltig, unfaßbar. Eine gigantische Versammlung ovaler Steine, von Riesenhand in den Boden gerammt, die größten fast drei Meter hoch, rund und dick und ebenmäßig. Fünfundneunzig steinerne Eier, angeordnet in einem Oval auf einer Grundfläche von sechzig mal dreißig Metern. Die Menschen der Gegend nennen sie *pedras talhas,* geschnitzte Steine. Wer hat sie hier aufgestellt, und vor allem: wie? Und zu welchem Zweck?

Eine gigantische Versammlung

Seltsam: Wir gewinnen beide die Steine auf Anhieb lieb. Sie wirken wie eine Versammlung lebender Wesen. Unsere Neugier ist bei diesem Besuch durch keinerlei Vorabwissen getrübt. Wir hatten uns bis dahin überhaupt noch nicht mit dem Phänomen der jahrtausendealten Steinkrei-

Der Kromlech von
Almendres se, der Kromlechs, und Megalithmonumente –
vor allem Dolmen –, wie es sie in Portugal, in der
Bretagne, in England und Irland, aber auch in
Amerika, Afrika und in der Südsee gibt, beschäftigt. Wir wollten zunächst ganz und gar unbefan-
gen eigene Eindrücke sammeln. Als ich dann später die einschlägige Literatur studierte, war ich
erfreut und überrascht, fast alles, was wir bei
diesem Steinkreis empfanden und erlebten, in
Forschungsergebnissen, Theorien und Überlieferungen wiederzufinden.

Ein lautes, helles Zirpen erfüllt die Luft, als wir
uns inmitten des Steinkreises niederlassen: Zika-
den. Es müssen Tausende sein. Der Boden im
Kreis ist fast kahl. Rundum wachsen Korkeichen
und Sträucher. Wir versuchen uns mit den Steinen in Verbindung zu setzen, um auf meditati-
vem Weg eine Erkenntnis zu erlangen, zu wel-

chem Zweck sie hier aufgestellt wurden. Horst
taucht aus seiner Versunkenheit wieder auf mit
der Eingebung: »Sie sind hier, um kosmische
Energie in die Erde zu leiten.« Mein Eindruck ist
der, daß die Steine freundliche und hilfreiche We-   **Die freundlichen**
sen sind und gemeinsam mit den Menschen, die   **Wesen**
sie aufgestellt haben, eine Aufgabe erfüllten. So
verrückt es klingen mag: Mir ist sogar, als hätten
die Steine bei ihrer eigenen Aufstellung geholfen.

Wir schlagen unser Zelt in der Nähe des Kreises auf. (Wildes Zelten ist in Portugal verboten,
wird aber außerhalb der Saison meist geduldet.)
Aus der erhofften mystischen Nacht wird allerdings nichts. Eine lärmende Clique junger Männer läßt sich am Picknickplatz beim Steinkreis
nieder und feiert dort die halbe Nacht.

Am Morgen freuen wir uns, die Rieseneier im
Schein der aufgehenden Sonne wiederzusehen.
Die Vorderseite der größten und, wie es scheint,
bedeutendsten Steine ist nach Osten gewandt. (Es
kommt mir so vor, als hätten sie eine Vorder- und
eine Rückseite. Letztere ist ein bißchen stärker
gerundet.) Wieder meditieren wir in der Mitte des
Steinkreises. Wir werden beide sehr heiter und
fröhlich dabei, so fröhlich, daß wir plötzlich sin-
gend und Flöte spielend um die Steine herumtan-
zen wie in einem Reigen. Ich könnte schwören,
daß die Steine sich freuten.

Alles über Steinkreise

»Versteinerte Tänzer, im Reigen erstarrt«: So werden die Steinkreise in vielen Überlieferungen und
Sagen beschrieben. »Selbst Stonehenge wird in

alten Urkunden immer ›chorea gigantum‹ genannt, der Tanz der Riesen . . . Immer aber leuchtet
hindurch, daß sich dort Menschen zum Feiern von
Festen versammelt hatten, und immer noch wird
gewußt, daß es vor allem die jungen Mädchen
waren, die die Tänze aufführten.« Sie können sich
vorstellen, wie aufgeregt ich war, als ich, wieder
zu Hause in Deutschland, auf diesen Hinweis in
einem Buch von Frank Teichmann (»Der Mensch
und seine Tempel«) stieß. Wir hatten ganz unwis-
Träger send und spontan dort einen Reigen getanzt! Auch
kosmischer Horsts Eindruck, daß die Steine kosmische Ener-
Energie gie in die Erde leiten, finde ich bestätigt: Jens Möl-
ler (»Geomantie in Mitteleuropa«) vermutet, daß
man in frühen atlantischen Menschheitsepochen
»an Orten besonderer solarer und tellurischer Ein-
strömungen« mit Hilfe von in den Boden gerammten Riesensteinen den Erdkörper beeinflußt hat.
Gleichsam eine Art Erdakupunktur.

Die Mathematik der Steinkreise
Die Theorien hinsichtlich Entstehung und Zweck
der Steinkreise sind sehr unterschiedlich. Die
Forschung erbrachte folgendes: Erstens basieren
die meisten Steinkreise auf erstaunlich präzisen
mathematischen Berechnungen. Dies fand Dr.
Alexander Thom, emeritierter Professor für Inge-
nieurwissenschaften an der Universität Oxford,
heraus. Er entdeckte im Rahmen seiner Untersu-
chungen eine konstante Maßeinheit, die er »megalithische Elle« nannte. Thom zeigte ferner auf,
daß die geometrische Anordnung der Steinkreise
oft auf einer Figur beruht, die erst sehr viel später,
nämlich von Pythagoras, aufgezeichnet wurde:
das rechtwinklige Dreieck mit integralen Schen-

keln. Geomantie-Experte Nigel Pennick: »Thoms
Forschungsergebnisse zeigen, daß die megalithischen Geometer, weit davon entfernt, ungenau zu
sein, Präzisionstechniker waren. Die Kreise, die
nicht kreisrund, sondern elliptisch, eiförmig oder
ungleichmäßig sind, sind ... das Ergebnis einer
konkreten Anwendung eines bisher verscholle-
nen geometrischen Systems, das sich logisch von
dem pythagoräischen Dreieck ableitet und Jahrhunderte vor der Geburt von Pythagoras entwor-
fen wurde ...« Die megalithische Elle ist allerdings umstritten, denn es gibt neben Kreisen, deren Anordnung diese Annahme rechtfertigen,
auch solche, bei denen dies nicht der Fall ist. (Man
muß jedoch bedenken, daß es im Verlauf der
Jahrtausende Verschiebungen gegeben haben
kann.) Aber: »Die Ungenauigkeit hört sofort auf,
wenn man nicht die Steine des Kreises, sondern
den Horizont beachtet. Dorthin ... wandte der   **Astronomische**
megalithische Mensch seinen Blick, um den Be-   **Ausrichtung**
wegungen der Himmelskörper genau folgen zu
können. Fast immer sind die Standorte der Steinkreise so ausgewählt, daß dort wichtige Ereignis-
se im Jahreslauf der Sonne oder im Verlauf der
Mondzyklen besonders auffallen ... Schaut man
nur auf den Steinkreis, so schaut man nur auf ein
Fragment des Baues, denn zu ihm gehören die
Landschaft und der kreisende Sternenhimmel dazu«, schreibt Teichmann.

Und hier haben wir es nun mit der zweiten
Besonderheit zu tun, die der Wissenschaft auffiel:
Die Steinkreise sind meist astronomisch ausge-
richtet. Sie erlaubten es, bestimmte Konstellatio-
nen und Bewegungen der Himmelskörper zu beobachten.

Was wir ferner aus der Überlieferung wissen, ist, daß an diesen Plätzen Feste und Riten gefeiert wurden, meist – wie gesagt – mit Reigentänzen verbunden.

Die Steine und die Erdenergie

Aber das ist noch längst nicht alles. Die geomantische Forschung fand heraus, daß Steinkreise und andere megalithische Monumente zu den Bahnen in Beziehung stehen, auf denen die Erdenergie zirkuliert. Man geht davon aus, daß die Steine zunächst Stellen, an denen die Energiestrombahnen dicht unter der Erdoberfläche verlaufen, und Kreuzungspunkte nur markieren. Weiter wird vermutet, daß die Menschen über ein natürliches Gespür für solche Stellen verfügten. Später dann, so die Vorstellung, entdeckten sie, daß sie mit Hilfe dieser in den Boden gerammten Steine bei bestimmten Anforderungen die Erdenergie anzapfen konnten, daß sie sie bündeln, ausrichten und für bestimmte Zwecke – beispielsweise Heilung – nutzen konnten. Hinzu kommt die bereits genannte Vermutung, daß die Steine dazu dienten, kosmische Energie in den Erdkörper hineinzuleiten. Es scheint ein globales Netzwerk solcher Orte zu geben, das die Erde mit einem enormen Energiegitter umspannt, denn man findet Plätze wie hier bei Évora auf fast allen Kontinenten.

Ein globales Energiegitter

Sprechen die Steine?

Es gibt noch eine weitere Theorie, die recht abenteuerlich anmutet. Energetische Messungen lassen sie jedoch möglich erscheinen, und viele Menschen, die sich zu den Steinen hingezogen fühlen,

*Im Steinkreis
von Almendres*

glauben daran. Sie lautet: Die Steinriesen spei-
chern Informationen und geben ebenso welche
ab. Wie läßt sich diese Annahme erklären? Zunächst einmal dadurch, daß viele Menschen an
solchen Plätzen ganz spontan das Gefühl hatten,
mit den Steinen kommunizieren zu können und
von ihnen Informationen zu erhalten. Hinzu
kommt jedoch eine seltsame Entdeckung. Sie
wurde beim Steinkreis von Rollright in England
gemacht. Hier stellte man ein unnormal starkes
Pulsieren und eine ebensolche schwache Ultra-

schallstrahlung fest. Die Steine bauten meßbar ein elektromagnetisches Feld auf. Als sich eine Person ins Zentrum des Steinkreises stellte, brach die Pulsation ab. Erich von Däniken, der sich mit diesem Phänomen beschäftigt hat: »Kommunizierten die Elektronen jetzt mit der Person im Zentrum? Ist es nach den neuen Forschungen nicht denkbar, daß ein für den Empfang der Elektronenbotschaft sensibilisiertes Medium mit den Steinen reden kann? Die Steine schwingen, setzen Elektronen frei, übermitteln Information . . . Magnetfelder sind Operationsgebiete der Elektronen. Der Urgeist, der Geist Gottes, weiß es. Er macht seine Geschöpfe und alle Materie für die ewig wirkende Kraft der Elektronen aufnahmebereit.« Man muß hier hinzufügen, daß Elektronen als die Informationsträger des Universums betrachtet werden, wie es Däniken gut verständlich in »Die Reise nach Kiribati« schildert.

Haben Außerirdische die Steine aufgestellt?

Wer könnte nun solche Informationsträger aufgestellt und programmiert haben? Für Däniken kamen hierfür nur Besucher von anderen Planeten in Frage: hochentwickelte Wesen, die den Menschen zeigten, wie Steinkreise anzulegen waren, aus welchem Material, in welcher Anordnung, um die eingegebenen Botschaften später einmal entziffern zu können. »Wenn Jungsteinzeitler wichtige Bauten an Schnittpunkten elektrischer Strömungen errichteten . . . Wenn es stimmt, daß geschulte Priester oder begabte Medien der Kommunikation mit pulsierenden Steinen fähig waren – dann hatten Außerirdische die Hand im Spiel.«

Viele Überlieferungen sprechen von Göttern,

Besucher aus dem All?

die einst die Erde besuchten und versprachen, in
ferner Zeit wiederzukommen. Stand der Himmel
mittels der Steinanlagen in Dauerbeobachtung,
weil die Außerirdischen dereinst ihre Rückkehr
angekündigt hatten? Enthalten die Anlagen dies-
bezüglich einen Hinweis? Dies sind die Fragen,
die Däniken aufwirft.

Außerirdische? »Es wäre ein Gebot der Klug-
heit, diesen Gedanken mitzudenken«, sagt Däniken. Zu den ganz normalen Jungsteinzeitlern, wie
sie von Archäologen gesehen werden, passen jedenfalls die erstaunlichen Forschungsergebnisse
schlecht. Allerdings darf man nicht von der Annahme ausgehen, die Menschen seien vor ein paar
Jahrtausenden im Prinzip genauso gewesen wie
wir heute, nur primitiver. Das ist es, was konven-
tionelle Forscher meist annehmen: daß die Menschen damals mit der gleichen Art von Wahrneh-
mung und Intellekt ausgestattet waren wie wir,
nur in weniger entwickelter Form. Und mit den
gleichen Fähigkeiten, nur in geringerem Ausmaß.
Bloß ein bißchen mehr Instinkt gesteht man ihnen
zu.

Ich meine: Warum sollen Menschen in der
Jungsteinzeit nicht Fertigkeiten entwickelt haben,
von denen wir heute nichts mehr wissen? Wenn
sie nun keine Apparate benötigten, um Energie-
phänomene zu messen, die wir heute nur mit
hochkomplizierten Apparaten feststellen können? Wenn sie nun eine angeborene Hellsichtig-
keit besaßen? Vielleicht sogar das Vermögen, die
Schwerkraft aufzuheben? In einem buddhisti-
schen Buch ist ein Bericht über einen Edelstein zu
lesen, den man nur in den Mund zu stecken
brauchte, um fliegen zu können. Ein chinesischer

**Aufhebung der
Schwerkraft?**

Alchimist soll im 2. Jahrhundert eine Flüssigkeit
entdeckt haben, mit der die Schwerkraft ausge-
schaltet wurde. (Dies berichtet Andrew Tomas in
»Das Geheimnis der Atlantiden«.) In unserem
Jahrhundert noch wurden in Tibet Menschen be-
obachtet, die schwere Eisenschienen anscheinend
mühelos hochhoben, nachdem sie gemeinsam einen bestimmten Ton gesummt hatten. Auch von
den Atlantern wird bisweilen behauptet, sie hätten die Schwerkraft beherrscht.

Zu Almendres: *Der Steinkreis entstand vermutlich
vor vier- bis fünftausend Jahren. Menschen errichteten
ihn ohne technische Hilfsmittel. Sie nutzten das Wir-
kungspotential des Feldes, das dort vorhanden war,
vereinten es mit ihrer eigenen elektromagnetischen
Kraft und jener der Steine, um diese aufzurichten.*

*Astronomische Bezüge lassen sich ganz klar fest-
stellen. Dabei handelt es sich allerdings um mehr als
die »Astronomie« an sich. Tatsächlich stehen diese
Steine in Verbindung mit bestimmten Planeten, in
höchst lebendigem Maß. In gewisser Weise können wir
sagen, daß hier ein Informationsaustausch stattfindet
(was hier immer auch Energieaustausch bedeutet) zwischen bestimmten Gestirnen und diesen Steinen. Man
kann dies wahrnehmen, wenn man sich in den Kreis
begibt, und zwar in der Nähe der oberen, größeren
Steine, und sich auf den Energie-[Informations-]aus-
tausch zwischen Steinen und Kosmos einstellt. Zu
bestimmten Zeiten sind diese Kontakte besonders stark
spürbar: hier in Évora im März/April – um Ostern
herum – und im September, in den frühen Morgen-
und Abendstunden, kurz vor Sonnenauf- beziehungsweise unmittelbar nach Sonnenuntergang.*

Eine Kraftlinie durchschneidet den Kreis in der

**Die kosmische
Verbindung der
Steine**

*Links:
Der größte Stein von
Almendres*

*Mitte in Längsrichtung. Man kann sie abschreiten,
sollte sich dabei allerdings nicht allzuviel Zeit lassen.
Im übrigen im Gegenuhrzeigersinn um den Steinkreis
herumwandern. Die Steine freuen sich über Aufmerk-
samkeit und Zuwendung. Man sollte ihnen bei der
Umrundung den Oberkörper zuwenden.*

Zu diesem Text muß ich bemerken, daß wir im
Uhrzeigersinn um den Steinkreis herumgetanzt
sind; ich bin nicht ganz sicher, ob ich in der Tran-
cesitzung bei der Übersetzung der an sich wort-
losen Informationseinheiten in Worte hier nicht
einen Fehler gemacht habe. Im nachhinein kommt
mir auch der Uhrzeigersinn richtiger vor.

Wer also baute die Steingiganten auf?
Wer waren nun die Erbauer der Steinmonumente? Zunächst einmal: Die Anlagen stammen nicht
von den Kelten, die Portugal vom neunten vorchristlichen Jahrhundert an besiedelten und sich
mit den einheimischen iberischen Stämmen vermischten. Die Kelten fanden die Monumente bereits vor. Später machten die Druiden die Anlagen zu Stammesheiligtümern und bezogen sie in
ihre Riten ein. Die Zeit, in der die Riesensteine
aufgestellt wurden, dauerte insgesamt vermutlich bis zum Ende des 2. Jahrtausends vor Christus. Die Datierung ist jedoch bis heute problema-
tisch.
    Wer also stellte sie auf?

Erste Möglichkeit: Atlanter, die der Katastrophe
entkommen waren, die ihren Kontinent vernich-
tete, könnten die Monumente errichtet haben. Dafür spricht unter anderem die geographische Ver-

teilung der Anlagen auf dem Globus. Von der Kultur und Zivilisation des untergegangenen Kontinents wird vermutet, daß sie hoch entwickelt war. Darauf weisen die Trancekundgaben des berühmten Hellsehers Edgar Cayce ebenso hin wie der von Plato übermittelte Bericht. »Nach den geheimen Dokumenten der Rosenkreuzler war Plato Hüter der atlantischen Tradition, und sein Bericht ist authentisch«, schreibt Charroux in »Vergessene Welten«. »›Atlantis‹, schrieb der Meister von Omonville, ›jener hochzivilisierte Kontinent, war zu seiner Zeit das Herz der Welt . . . Die Atlanter kannten die Natur und die Gewalt kosmischer Kräfte, und sie wandten ihr Wissen geschickt an . . . Dolmen und Menhire markierten Brennpunkte der universellen Energie . . . Dort konnten wirkungsvolle Zeremonien abgehalten werden. Dasselbe gilt für Megalithbauten. Ihre Aufgabe bestand darin, die kosmische Energie zu verstärken und die Ernte zu begünstigen . . .‹«

Zweitens: Die Steinanlagen könnten auf außerirdische Wesen zurückgeführt werden, auf Wesen, die hohes Wissen auf die Erde brachten und möglicherweise den Menschen beibrachten, diese Kraftplätze zu bauen.

Drittens: Sie könnten gleichfalls von ganz gewöhnlichen Jungsteinzeitlern stammen, ebenfalls vorausgesetzt, daß diese damals über Fähigkeiten verfügten, die wir heute paranormal nennen würden. (Mit dem primitiven Jungsteinzeitler, den die Archäologen sich vorstellen, hat dies bestimmt nichts zu tun. Zu absurd erscheinen mir die Versuche, sich die technischen Hilfskonstruktionen vorzustellen, die man damals gebraucht hätte, zu gigantisch die Anstrengungen, die der Mensch hätte auf sich nehmen müssen; zu groß auch das mathematische, astronomische und geomantische Wissen, das den Bauten zugrunde zu liegen scheint.)

Es gibt noch eine vierte Möglichkeit.

Der Zambujeiro-Dolmen

Hier müssen Riesen am Werk gewesen sein. Bis zu sechs Meter hoch sind die Steinblöcke, aus denen die Kammer des Zambujeiro-Dolmens zusammengesetzt ist. Die sieben gigantischen Monolithen sind im Rund angeordnet, kunstvoll und fehlerlos, so daß einer den anderen stützt – wie ein überdimensionales Kartenhaus. Sie stehen hier seit schätzungsweise fünftausend Jahren.

Die Anta Grande, das Werk von Riesen? Die *Anta Grande do Zambujeiro* (in Portugal nennt man die Dolmen Anta) liegt nur ein paar Kilometer von unserem Steinkreis entfernt: unweit der Straße, die von Évora nach *Alcáçovas* führt, in der Nähe von *Valverde* (Hinweisschild). Es ist der größte bekannte Dolmen auf der iberischen Halbinsel. Vor der Kammer öffnet sich ein überdachter, teilweise eingestürzter Eingangskorridor aus ebenfalls gewaltigen Steinblöcken. Leider ist das Ganze von einem häßlichen Eisengestell umgeben und mit Blech überdacht.

Dies hier, da bin ich mir fast sicher, ist nicht mit Schweiß und Mühe und unter Aufbietung ungeheuerlicher Hilfskonstruktionen errichtet worden. Es sieht aus, als hätte man es mit spielerischer Leichtigkeit zusammengesetzt. Seine Erbauer können nur über gigantische Kräfte verfügt haben.

Und dann begegnen sie mir tatsächlich – die

Riesen: nämlich in der forschenden und spekulie-
renden Literatur. Zunächst einmal: An drei Stellen der Erde stieß man auf Überreste von Knochen, die von Riesen stammen. Man fand auch
Riesen-Fußspuren in altem Gestein. Dann fiel mir
eine einfache und einleuchtende Theorie über die
Entstehung der gewaltigen Steinmonumente auf.
Sie hängt zusammen mit einer von dem österreichischen Kosmographen Hörbiger (gest. 1931)
entwickelten Hypothese bezüglich des Mondes.
Hörbigers Ideen werden von vielen Wissen-
schaftlern kraß abgelehnt; einige Punkte sind jedoch von Interesse, weil sie Erklärungen für Dinge liefern, die sich anders nicht erklären lassen.

Die Steine, der Mond und die Riesen
Unser Mond, behauptet Hörbiger, ist nicht der
erste Satellit der Erde. Pro geologischer Periode
soll die Erde jeweils einen Trabanten gehabt haben. Die Ellipsenbahn, auf welcher der Mond die
Erde umkreist, zeigt nämlich nicht ein ganz ge-
schlossenes, sondern leicht spiralförmiges Bild.
Dies hat zur Folge, daß der Mond sich langsam
der Erde nähert. Irgendwann stürzt er dann auf **Die Mond-**
unseren Planeten, wobei er sich vor dem Aufprall **katastrophe**
in Teile auflöst. Die Wucht des Einschlags löst
natürlich gewaltige Erschütterungen an der
Oberfläche des Erdkörpers aus. Tod und Ver-
nichtung breiten sich aus, ganze Zivilisationen
verschwinden vom Erdboden. Nach Hörbigers
Annahme ist dieses Phänomen bereits viermal
aufgetreten, seit unsere Erde besteht.
     Unseren Mond nun haben wir uns vor etwa
zwölftausend Jahren »eingefangen«. (Auch dies
hängt mit der Spiralbewegung zusammen, in der

die Planeten kreisen.) Es erschütterte wieder eine Katastrophe unseren Erdball. Die Lufthülle, die Gewässer, sogar der Erdboden wurden von der Anziehungskraft des neuen Trabanten plötzlich hochgehoben. Dies geschah zu der Zeit, in der man den Untergang von Atlantis vermutet.

Nun aber zu den Riesen. Während der Periode, in der ein Mond die Erde umkreist, gibt es immer eine Phase – eine sehr lange dauernde, denn diese Phänomene erstrecken sich über Jahrmillionen –, in der der Satellit der Erde schon recht nahe ist. In dieser Zeit verringert sich auf der Erde das Gewicht aller Dinge und Lebewesen, da die Anziehungskraft des Mondes auf sie einwirkt und einen Teil der Erdanziehungskraft kompensiert. Und da die Höhe unseres Wuchses mit der Erdanziehungskraft zusammenhängt, waren die Menschen und anderen Erdenbewohner in solchen Zeiten wesentlich größer. (Tatsächlich fand man Überreste von riesigen Pflanzen, Tieren, Insekten und Vögeln.) Übrigens taucht auch in Portugals Nationalepos, den »Lusiaden« des Dichters Luís de Camões, ein Riese auf. Als die Seefahrer das Kap der Guten Hoffnung erreichen, erscheint vor ihnen drohend ein Riese. Er versucht sie aufzuhalten und warnt sie vor großen Gefahren. »Ich war einer jener schrecklichen Söhne der Erde«, sagt er, »so wie Eukelados, wie Ägeus, Briareos, und ich heiße Adamastar . . .«

Auswirkungen der Anziehungskraft

Auf dem ganzen Erdball verteilt, findet man alte Überlieferungen und Legenden, die von Riesen berichten. Sollte Hörbigers Mondtheorie die Erklärung dafür liefern? Und waren es diese Riesenmenschen, die die Megalithen und Steinanlagen überall auf der Welt aufgerichtet haben?

Behaupten nicht einige, auch die Atlanter seien
solche Giganten gewesen?

Warum sind die Steine so groß?

Einiges paßt sehr gut zu dieser Theorie. Dabei
meine ich nicht nur die sechs Meter hohen Granitblöcke unseres Dolmens, die aussehen wie ein
steinernes Kartenhaus, und die bis zu drei Meter
hohen Steineier des Almendres-Kreises bei Évora,
sondern auch die sehr viel größeren Steingiganten, die man an anderen Plätzen fand . . . (In Baal-
bek entdeckte man aufgerichtete Steinblöcke, die
zwischen 750 und 1000 Tonnen wiegen!) Vor allem stellt sich in diesem Zusammenhang die sim-
ple Frage, mit der sich anscheinend kaum ein
Wissenschaftler beschäftigt hat: Warum sind die   **Fragen ohne**
Steine so groß? Warum haben sie nicht Menschen-   **Antwort**
maß? Um Riten zu feiern, energetische Phänome-
ne zu markieren, Kalenderfunktion auszuüben,
mathematische Berechnungen darzustellen, hätten's kleinere doch auch getan. Warum war die
Menschheit der Jungsteinzeit so versessen darauf,
Riesensteine aufzustellen? Die Vermutung, daß
hier Riesen ihre Hand im Spiel hatten, liegt nahe.

Die Eingangskorridore vieler Dolmen allerdings sind vergleichsweise niedrig. Hünenhafte
Gestalten hätten da nur hindurchkriechen können (wenn sich nicht durch Absenkung alles ver-
schoben hat). Haben vielleicht die Riesenmenschen ursprünglich damit begonnen, Steingiganten in die Landschaft zu setzen, und die späteren,
kleineren Menschen anderer Epochen führten
diese Tradition im Rahmen ihrer Möglichkeiten
fort? Mit welchen Mitteln? »Wir werden es nie
wissen, wie die Steine transportiert wurden«, sagt

Professor Atkinson von der archäologischen Abteilung der Universität Cardiff. Er bezieht sich auf Stonehenge, aber das gleiche gilt natürlich für die anderen Steingiganten.

Die Steine und ihr Wissen Wie auch immer: Vor Tausenden von Jahren muß es Wesen auf unserem Planeten gegeben haben, die in der Lage waren, zigtonnenschwere Steinblöcke aufzustellen, zu kunstvollen Gebilden zusammenzufügen, komplizierte mathematische Berechnungen anzustellen; Wesen, die über astronomische Kenntnisse und die Fähigkeit verfügten, irdische und kosmische Energieströme zu fühlen oder zu messen . . . Ob dieses Vermögen in der Jungsteinzeit etwas Normales war, ob die Bewohner der iberischen Halbinsel und anderer Stein-Gegenden sie von einer fremden Zivilisation (Atlantis), von Außerirdischen oder von den, wie Hörbiger vermutet, höherentwickelten Riesenmenschen älterer Erdepochen geerbt hatten . . .

> »Wir wissen es nicht.
> Doch sie wissen es.
> Die Steine wissen es und erinnern sich.«
> *Nicolas Roerich (1874–1947)*

Sie wissen es. Wenn es an Plätzen wie diesen heute etwas zu fühlen, etwas zu erfahren, etwas zu tun gibt, dann, glaube ich, können wir am ehesten dahinterkommen, indem wir unsere eigenen Antennen benutzen. Wenn wir uns sensibilisieren. Wenn wir direkt zu erfassen suchen, um was es geht.

Die Steine befragen

Hierzu gibt es viele Möglichkeiten. Einige ausgezeichnete Techniken schildern Caitlin und John Matthews in »Der westliche Weg«. Die Methode, die ich vorschlage, ist einfacher – vielleicht auch weniger ergiebig: Wenn Sie einen Steinkreis oder ein megalithisches Monument besuchen, nehmen Sie sich Zeit. Schreiten Sie den Platz ab. Suchen Sie sorgfältig den geeigneten Ort zur Meditation (am besten zu zweit oder zu mehreren). Setzen oder legen Sie sich hin, entspannen Sie sich, umgeben Sie sich in Ihrer Vorstellung mit einem Schutzkreis, der Sie vor unguten Einflüssen bewahrt. Sollten Sie religiös sein, beten Sie um Schutz und Inspiration. Lassen Sie Ihre Gedanken still werden. Stellen Sie sich darauf ein, die gewünschten Informationen zu erlangen. Diese können sofort kommen, noch während der Meditation – in Form von gedanklichen Inhalten, Bildern oder Empfindungen oder später als Träume oder Gedankenblitze. Wichtig ist, darauf weisen auch die Matthews hin, daß Sie den Plätzen echtes Interesse entgegenbringen. Neugier allein reicht nicht aus. Denn möglicherweise setzen Sie sich mit mächtigen Energien in Verbindung, die sich auch schädlich auswirken können, sollten Sie mit ihnen nicht richtig umzugehen wissen. Von den freundlichen Steineiern bei Évora haben Sie meines Erachtens nichts zu befürchten, wenn Sie ihnen mit Respekt und Sympathie entgegentreten.

Andere Steinmonumente bei Évora

Die Gegend um Évora ist mit megalithischen Monumenten, mit Dolmen und Menhiren übersät wie keine andere in Portugal und wenige auf der

Die Dolmen-Kapelle von São Brissos

Welt. Das Gebiet, in dem sich die meisten befinden, ist von *Montemor* im Südwesten, *Reguengos* im Südosten und *Marvão* im Norden begrenzt. Megalithgräber umgeben die Stadt wie ein Kranz. Ovale Steinsetzungen findet man unter anderem bei *Tourega, Portela de Mogos, Bôa Fé* und nordwestlich vom *Mont dos Antões* (Pavia). Längst nicht alle Monumente sind ausgegraben, längst nicht alle sind erhalten geblieben. Abgesehen von einer Welle christlicher Vernichtungswut zwischen dem 5. und 8. Jahrhundert haben auch Erdbeben für Zerstörungen gesorgt.

Die drei interessantesten von Évora aus erreichbaren Plätze sind der geschilderte Cromeleque dos Almendres in der Nähe von *Guadelupe,* der Dolmen do Zambujeiro bei *Valverde,* der sechs Meter hohe Menhir von *Outeiro,* der Menhir von *Abelhôa,* und, weniger spektakulär, der Dolmen *São Brissos.* Man findet dieses kleine Monument, wenn man von Valverde aus in Richtung *Escoural* weiterfährt, linker Hand neben der Straße (kein Hinweisschild): eine winzige weiße Kapelle, eine ehemalige Einsiedelei, mit einem Dolmen als Eingang und Vorraum. São Brissos ist ein unscheinbarer, friedlicher und angenehmer Platz, ideal, um sich zu erholen, zu meditieren oder Picknick zu machen. Als wir die Dolmen-Kapelle besuchen, grasen rundherum Schafe. Der Blick schweift über Wiesen, Weiden und einen kleinen See (Dolmen liegen oft in der Nähe von Gewässern). Keine menschlichen Behausungen in der Nähe, nur der Überrest eines altes Gehöfts und ein Friedhof.

In der ganzen Gegend stoßen wir auf bemerkenswert viele Anhäufungen riesiger Granitblöcke und eine Menge weißes, fast durchsichtiges Quarzgestein. Anscheinend sind Quarzadern hier recht zahlreich. Sie haben eine spezielle Energieabstrahlung.

Im archäologischen Museum von *Montemor-o-Novo* finden Sie eine Karte, auf der viele Fundstellen der Umgebung verzeichnet sind. Ansonsten bekommt man Auskünfte im Tourismusbüro von Évora. Nicht weit von Montemor liegt die 1963 **Felszeichnungen** entdeckte Escoural-Grotte mit Felszeichnungen, die in der Zeit zwischen 18 000 und 13 000 vor Christus entstanden sein müssen. Stilistisch sind sie wie die Malereien in Altamira/Nordspanien und Lascaux/Frankreich der magdalenischen Epoche zuzuordnen. Ebenfalls bei Montemor steht ein großer Dolmen, die *Anta Grande da Comenda da Igreja,* eine polygonal-trapezförmige Kammer mit Gang, ganz ähnlich aufgebaut wie der Zambujeiro-Dolmen, jedoch ohne häßliches

Blechdach. Die gewaltige Dachplatte ist gebrochen. Die Steine der Kammer sind vier bis fünf Meter hoch.

Sind Dolmen wirklich Gräber?

Welchem Zweck dienten die Dolmen? Allgemein geht man davon aus, daß es Grabstätten waren. (In der Nacht nach dem Besuch der Dolmen erkläre ich jemandem im Traum, daß jene damals tatsächlich als Gräber dienten.) In vielen Dolmen, jedoch längst nicht allen, fand man Knochen und Aschereste von verbrannten Skeletteilen. Dies beweist jedoch nicht, daß die Dolmen in erster Linie Gräber waren. Auch unsere Kirchen, die oftmals Gräber beherbergen, sind ja keineswegs monumentale Grabstätten.

Man hält die Dolmen im übrigen (wie fast alles, was man sich nicht erklären kann) für Kultstätten. Manches, was zu den Steinkreisen gesagt wurde, trifft auch auf viele Dolmen zu: etwa das Vorkommen in energetisch signifikanten Gegenden, die astronomische Ausrichtung.

Évora und die Knochenkapelle

Évora selbst ist ein einziges Museum und wird infolgedessen auch tatsächlich als *cidade de museu*, Museumsstadt, bezeichnet. Diese Funktion fällt allerdings wohl nur Gästen ins Auge, für die Einheimischen ist Évora eine ganz normale, sehr lebendige Stadt mit vielen jungen Menschen, ein politisch geprägter Ort, in dem Kunst und Kultur eine große Rolle spielen. Besuchern aber, die sich für den Museumsaspekt interessieren, bieten sich

Die Museumsstadt

Die Anta Grande da Comenda da Igreja

etliche Sehenswürdigkeiten: beeindruckende Überreste eines römischen Tempels, der – umstrittenerweise – der Göttin Diana zugeordnet wird und einige Jahrhunderte als Schlachthof diente, bevor er zum begehrten Fotomodell avancierte. Es gibt etliche Kirchen und Klöster, eine imposante alte Kathedrale, eine komplett erhaltene Stadtmauer, die auch tatsächlich noch – fast – die ganze Stadt umrahmt, einen Renaissancebrunnen aus dem 16. Jahrhundert mit einer Sphärenkugel, der ganz modern anmutet. Und es gibt einen schönen, großen Platz im Stadtzentrum, die *Praça de Giraldo*, an dem mir unbehaglich wurde: Mich befiel die Ahnung, daß sich dort einst Schreckliches zugetragen habe. Später erfuhr ich, daß an dieser Stelle während der Inquisition »Ketzer« und »Hexen« öffentlich hingerichtet wurden.

Wir konzentrieren uns bei unserem Besuch auf die Knochenkapelle der Kirche *São Francisco*. Der Bau selbst stammt aus dem 15./16. Jahrhundert. An seiner Stelle stand zuvor ein Franziskanerkloster. Architektonisch ist die Kirche im Innern recht bemerkenswert: Bögen im Mudejarstil, Kreuzgewölbe, spiralförmig gewundene Säulen, zahlreiche Nischen, Kacheln und Figuren. Wir aber betreten die *Capela dos Ossos*. Nicht des Gruselns wegen, sondern um über den Tod zu meditieren. Denn hierfür wurde das Knochenmonument geschaffen – vermutlich im 17. Jahrhundert von einem Franziskanermönch, der die Kapelle mit den Gebeinen von rund fünftausend Menschen schaurig-dekorativ auskleidete. Wir lassen uns in einer Ecke nieder und bleiben eine Weile still und aufmerksam sitzen. Durch ein in die bleiche Knochen- und Schädelmauer eingelassenes Fensterchen schaut man hinaus auf leuchtendgrünes Blattwerk. Tatsächlich sind mir selten so tiefe Erkenntnisse über Leben und Tod zugeflogen wie in diesem mit Menschengebein tapezierten halbdunklen Raum. Über die Nichtigkeit der eigenen Person sann ich nach und darüber, wie sinnlos es sei, sich in seinem kurzen Erdenleben über irgend etwas aufzuregen. Kaum waren wir draußen, brach wegen einer Belanglosigkeit ein völlig unsinniger Streit wie ein Gewitter über

Meditation über den Tod

Kirche São Francisco in Évora

uns herein. Möglicherweise sind Knochenkapellen doch unbekömmlich.

Zu Évora: *Hier lebt besonders stark noch der Geist des christlichen Mittelalters; er ist noch nicht überwunden, rumort noch, will bezwungen werden. Deshalb ist Évora eine besonders politische Stadt mit vielen revolutionären Tendenzen, die letztlich und unbewußt immer noch eine Rebellion gegen die Unterdrückung des freien Menschengeistes im christlichen Mittelalter darstellen.*

Die Knochenkapelle: *Hier sind keineswegs nur die materiellen Überreste von Menschen vorhanden, sondern viele Gedankenfetzen und Gedankengebilde, die mit diesen Toten und ihrer Geschichte zusammen-*

hängen. Die Kapelle müßte eigentlich zerstört werden, damit die Knochen zerfallen, die Gedankengebilde sich auflösen können und an diesem Platz dann etwas Neues entstehen kann.

Von einem Besuch wird abgeraten – es sei denn, man bringt viel Licht, große geistige Klarheit und ungebrochenes Selbstbewußtsein mit, die helfen können, den Ort aufzuhellen.

Die Gegend von Évora: *Ein beispielloses Kraftzentrum, der eigentliche Nabel Portugals. Nabel auch in dem Sinn, daß hier die Verbindung mit der mütterlichen Urkraft dieses Landes gehalten wird. Aus dieser Urkraft, aus Zeiten der Mutterreligion und des Matriarchats, stammen die älteren der hier in überreichlicher Zahl vorhandenen Steinmonumente. Es ist nicht notwendig und wichtig, sie alle auszugraben; sie müssen allerdings unbedingt gehegt und geschützt werden, denn Portugal zieht aus ihnen immer noch Kraft aus der mütterlichen Urquelle seiner Existenz.*

Batalha, Fátima, Tomar: Katholische Kraftachse in Portugals Mitte

Ein gewaltiges Monument: Die Batalha

Wie eine gigantische Fata Morgana taucht sie unvermittelt an der Straße auf, wenn man von Lissabon in Richtung Coimbra fährt. Eigentlich heißt sie »Santa Maria da Vitória«. Das Volk aber nennt sie *Batalha,* zu deutsch »Schlacht«. Denn Kirche und Kloster wurden aus Dank für die gewonnene Schlacht von Aljubarrota errichtet, mit der Portugal sich 1385 seine Unabhängigkeit von Spanien sicherte. Die Batalha, vordem ein Dominikanerkloster, war lange Zeit hindurch wichtiges geistiges Zentrum und ist das gewaltigste und erstaunlichste Baudenkmal des Landes – *der* Kraftplatz Portugals, wie man uns gesagt hatte. Leider führt die Straße dicht an der Batalha vorbei, mit dem Effekt, daß dem grandiosen Bauwerk aus ehemals weißem, heute leicht angerautem Stein kaum noch Raum verbleibt.

Indische Philosophie in der Symbolik, Sufieinfluß, spürbar starke Energiefelder, tantrische Energie, islamische Ausstrahlung, als katholische Kirche einzigartig: Solcherart waren Hinweise, die ich zuvor von Kennern bekommen hatte. Ich bin gespannt. In der Nacht vor dem Besuch der

Die Batalha (Santa Maria da Vitória)

Batalha habe ich einen Alptraum. Ich sehe das riesige graue Bauwerk wie einen gespenstischen Steinkadaver vor mir. Gleichzeitig, noch im Halbschlaf, stelle ich fest, daß sich seine Kraftausstrahlung bis zu unserem dreißig Kilometer entfernten Zeltplatz bemerkbar macht.

Erhaben und von strenger Harmonie

Als wir die Batalha am Morgen betreten, schwindet das Grauen, das der Alptraum hinterlassen hat. Im Innern ist alles erhaben, schön und von strenger Harmonie: der hell-beigefarbene Kalkstein, der golden leuchtet, wenn Sonnenlicht darauffällt, die schmalen, bunten Glasfenster. Alles strebt nach oben in diesem Bauwerk. Das Mittelschiff der Klosterkirche ist nur sieben Meter breit, aber fast 33 Meter hoch. Dadurch entsteht der Eindruck gewaltiger Höhe. Die Kirche ist ein Werk der portugiesischen Hochgotik. Sie entstand in hundertfünfzigjähriger Arbeit, zwischen 1388 und 1533, unter der Leitung sechs großer Baumeister. Wie die großen gotischen Kathedralen drückt sie ein spirituelles Streben nach dem

Allerhöchsten aus. Dominierte in den romanischen Kirchen noch die Schwerkraft, die Anziehungskraft der Erde, so kommt in der Gotik der Sog von oben, die Anziehungskraft des Himmels zum Tragen. Paradoxerweise erwiesen sich die Amtsreligion und die von ihr geprägte Epoche keineswegs als so spirituell wie der Ausdruck ihrer Bauwerke. Möglicherweise hat diese Diskrepanz damit zu tun, daß Baumeister und Maurer insgeheim einer ganz anderen Philosophie anhingen als die Institution, für die sie Kirchen bauten. (Diesen Zusammenhang erläutert auch Louis Charpentier in »Magisch Reisen: Spanien«.)

Symbolik und Kraft der Batalha

Die Kirche ist auf dem Grundriß eines Schlüssels angelegt, der den Zugang zu göttlicher Weisheit symbolisieren soll. Die Anlage läßt einen latenten Sufieinfluß erkennen (auffallend in der Nähe des Portals der »Unvollendeten Kapellen«), und man sagt, im Kloster hätten geheime Initiationsriten stattgefunden. An der Südseite gibt es ein Fenster mit orientalischer Kundalini-Symbolik. In Portugal existierte damals, zeitweise im Untergrund, eine interessante Mischung christlicher, islamischer, jüdischer und »heidnischer« Elemente mit verschiedenen mystischen Zweigen, die sich gegenseitig befruchteten. Die Batalha scheint ein Schmelztiegel dieser Strömungen gewesen zu sein.

Schmelztiegel verschiedener Strömungen

Ein Platz besonderer Krafteinwirkung ist – wie meist – der Hauptaltar der Klosterkirche und, unserem Empfinden nach, der Seitenaltar ganz links. Hier kommt die Energie von oben. Im Kapitelsaal des Klosters finden wir eine weitere

energetisch besondere Stelle. Sie liegt genau in der
Mitte des Raums. Hier steigt eine angenehme
kühle Energie spürbar stark durch die Fußsohlen
auf. Dieser Raum beherbergt heute ein Grabmal
des Unbekannten Soldaten, an dem zwei Soldaten
Wache halten. Die beiden unterdrücken mit Mühe ein prustendes Lachen, als wir unsere energetischen Beobachtungen anstellen.

Der Kapitelsaal ist auch wegen seiner unge-
wöhnlichen Gewölbekonstruktion bemerkenswert. Baumeister Afonso Domingues soll hier
nach Entfernung der Stützen drei Nächte zuge-
bracht haben, nachdem der König Zweifel an der
Haltbarkeit des Gewölbes geäußert hatte. Die Be-
fürchtungen erwiesen sich als grundlos, der Baumeister überlebte. Später aber stürzte es zweimal
ein. Zu seinem Wiederaufbau wurden angeblich
Menschen eingesetzt, die zum Tode verurteilt waren.

Ein Werk   Das ganze Bauwerk strahlt geballte Kraft aus.
geballter Kraft In der Gründerkapelle rechts vom Haupteingang
– dem Bart des Schlüssels – liegt Heinrich der
Seefahrer begraben. Sein Wahlspruch: »Talent,
das Gute zu tun«. Überwältigend schön ist das
Eingangsportal der »Unvollendeten Kapellen«
(der Ring des Schlüssels) mit feiner manuelini-
scher Ornamentik – Blumen, Trauben, Delphine
und Schnecken, letztere als Symbol der Geduld.
Die gestaffelten, filigran gemeißelten Bögen erinnern uns entfernt an die Alhambra. Sieben geome-
trisch angeordnete Kapellen bilden zusammen
mit dem fünfzehn Meter hohen Portal ein Acht-
eck. Gewaltige Bündelpfeiler ragen wie mächtige
Turmstümpfe in die Luft. Sie sollten eine hohe
Kuppel abstützen, deren Bau jedoch zugunsten

*Batalha, Eingangs-
portal Unvollendete
Kapellen*

eines anderen Projekts abrupt abgebrochen wurde. Grünes Moos hat sich zwischen den Steinfiguren abgesetzt. Zwischen den hohen bunten Glas-
fenstern zwitschern Vögel.

Zur Batalha: *Ein mächtiges Bauwerk, das in Wirklichkeit viel gewaltiger ist als die Steine, die mit physischen
Augen wahrgenommen werden können. Es hat eine
Energiestruktur, die sich dem spirituellen Auge offenbart und etwa zwei- bis dreimal so groß ist wie das*

physische Bauwerk. Diese Energiestruktur ist noch vorhanden, ebenso wie die physische Struktur. Aber es brennt das heilige Feuer nicht mehr darin. Wer Orte lebendiger Kraft sucht, soll dort suchen, wo das heilige Feuer brennt. Wer ein Bauwerk wie die Batalha besucht, kann, wenn er stark und guten Willens ist, dieses Feuer wieder anzünden, indem er den Ort erfüllt mit seiner Liebe, mit Segen und guten Wünschen für all die, die nach ihm dorthin kommen. (Zwar werden Gottesdienste in der Kirche abgehalten, aber die Flamme des heiligen Feuers ist erloschen.)

Das heilige Feuer brennt nicht mehr

Auch hier sollte man bei der Beurteilung dieses Gebäudes nicht die üblichen moralischen Maßstäbe anlegen. Wohl wurde die Kathedrale errichtet aufgrund einer gewonnenen Schlacht, die dort in der Nähe stattgefunden hatte. Jedoch war dies kein unchristliches oder unreligiöses Unterfangen, denn nach der damals gängigen Auffassung war diese Schlacht wichtig und richtig. Und in diesem Sinn war sie wichtig und richtig. Denn was wichtig und richtig ist, bestimmt das jeweilige menschliche Bewußtsein selbst – im Kosmos gibt es kein »wichtig« und »richtig«.

Kraftzentren der Kirche

Die drei großen Kraftzentren Portugals, die mit der katholischen Kirche verbunden sind, liegen fast genau auf einer Ost-West-Achse in der Mitte des Landes: Batalha, die gewaltige Klosterkirche, die alle Kathedralen des Landes an Bedeutung überragt; *Fátima*, der große Marienwallfahrtsort, und *Tomar*, das einstige Zentrum des mächtigen und geheimnisvollen Tempelritterordens in Portugal.

Valinhos bei Fátima: Der Hügel der Stille

Wir fahren nach Fátima. Es ist Ende April, zwei
Wochen vor der großen Wallfahrt am 13. Mai.
Etwas außerhalb des Ortes, in *Valinhos* (Hinweisschild), liegt ein kleiner Hügel, auf dem 1917
einige der Engels- und Marienschauungen stattgefunden haben, die Fátima berühmt machten.
Weiße Marmorskulpturen markieren die Stellen,
an denen Maria und der Engel den drei Hirtenkindern Lucia, Jacinta und Francisco erschienen
sind. Pilgerstationen, die den Leidensweg Christi
darstellen, überziehen die Anhöhe. Die Vegetation ist halbwild, wie sie damals war: knorrige
Olivenbäume, Gestrüpp, durchzogen von Tram-
pelpfaden. Dazwischen hell gepflasterte Pilgerwege. Der Wind raschelt sanft in den Bäumen.
Wir blicken auf den Ort Fátima und die dahinter-
liegende Hügelkette. Einige wenige Vögel zwitschern. Der Verkehrslärm klingt herauf, aber wir
vergessen ihn schnell, weil der Ort soviel Stille
ausstrahlt. Es ist früher Abend, wir sind fast allein
hier oben. Von irgendwo erklingt der dünne Gesang eines Pilgergrüppchens. Die Sonne geht hinter einem Hügel unter, es wird kühl. Nur das alte
Dorf mit seiner Pfarrkirche ist noch in helles Sonnenlicht getaucht. Unten bellt ein Hund. Ein Kind
schreit, ein Glöckchen bimmelt. Der Wind braust
jetzt kräftiger heran. Langsam tauchen die Geräu-
sche des Straßenverkehrs wieder auf. Wir erwachen wie aus einem Zauber.

> **Damals wie
> heute ein Ort des
> Friedens**

Am höchsten Punkt der Erhebung, abseits von
den Pfaden, finden wir eine alte Turmruine, halb-
zerfallen, aus unbehauenem weißem Stein mit
kristallinen Einschlüssen.

Als wir den heiligen Hügel verlassen, schließen gerade die Andenkenläden. Aus einem Lautsprecher erklingt eine helle Frauenstimme, die klagenden Fado singt. Drei Hunde beäugen uns, während wir die unzähligen weiß-rosa-blauen Marienfiguren mit und ohne Goldkrone betrachten. Die Madonna schaut ziemlich ernst drein. Sie erschien mitten im Ersten Weltkrieg und richtete flehentliche Appelle an die Menschen, für ihre Mitmenschen zu beten. Ich kaufe einen winzigen silber-blauen Ring für umgerechnet eine Mark. Die freundlichen Ladenbesitzer erzählen uns die ganze Fátimageschichte und zeigen Aufnahmen aus großen Bildbänden. Da sind sie, die drei Hirtenkinder, arm gekleidet und trotzig ins Bild blickend; da hat die Lucia gewohnt, und dort ist der Engel erschienen . . .

Was geschah damals hier? Und was hat es auf sich mit der gefürchteten dritten Botschaft von Fátima, die nie veröffentlicht wurde?

Das Wunder von Fátima

Am 13. Mai 1917 erschien den drei Hirtenkindern aus Aljustrel eine wunderschöne junge Frau, die sie später als Jungfrau Maria identifizierten. Sie erblickten sie »in einem Lichtglanz, der heller leuchtete als die Sonne«. Die Gestalt kündigte an, **Die Erscheinungen** daß sie nun regelmäßig am 13. wiederkommen würde, bis zum Oktober. Sie hielt ihr Versprechen. Mit der Zeit kamen immer mehr Menschen zum Erscheinungsort, am 13. August waren es bereits 20 000. Für ihre letzte Erscheinung im Oktober 1917 hatte Maria ein großes Wunder versprochen, woraufhin sich 70 000 Menschen an der

Cóva da Iria versammelten, um dieses zu erleben.
Die Kinder hörten Maria verkündigen, daß der
Krieg bald zu Ende gehe. Und dann das Wunder:
Der Regen hörte plötzlich auf, die Wolken zerris-
sen, die Sonne wurde silberfarben gleich dem
Mond und begann sich »wie ein Feuerrad um sich
selbst zu drehen«, bunte Strahlenbündel in allen
Regenbogenfarben werfend. Dies geschah dreimal im Verlauf von zehn Minuten. Viele, aber
längst nicht alle Anwesenden sahen dieses Phänomen. Die Kirche erkannte es als Wunder an.
Und wie bei allen Wundern sind natürlich skep-
tische Geister zur Stelle, die behaupten, daß es
sich um reine Suggestion gehandelt habe.

*Hier erschien der En-
gel den Kindern*

Die angeblichen Schreckensbotschaften

Etwa fünfundzwanzig Jahre nach den Ereignissen gab Lucia – die einzige Überlebende von den Seherkindern, die inzwischen Nonne geworden war – bekannt, welche Geheimnisse die Madonna ihr damals anvertraut habe. Im ersten Teil dieser Visionen soll die Muttergottes den Kindern ein schreckliches Bild der Hölle gezeigt haben. Im zweiten Teil kündigte sie den Zweiten Weltkrieg an, als göttliches Strafgericht unter anderem für die Unterdrückung der Kirche in Rußland. Die Menschen sollten beten und Buße tun, um die Katastrophe zu verhindern. Gleichzeitig bestand die Madonna aber darauf, diese Botschaft erst zu veröffentlichen, als es für Warnungen zu spät war – also 1941.

Die Prophezeiungen der Jungfrau

Das Ganze klingt völlig unglaubwürdig. »Es ist ein Unding zu behaupten«, schreibt Josef Hanauer, der die Geschichte detailliert untersucht hat, »Maria habe im Jahr 1917 eine die ganze Welt betreffende Botschaft verkündet, die großes Unheil androht, falls die Menschen nicht bereit wären, Buße zu tun, aber sie habe zugleich verlangt, alles müsse geheimgehalten werden, bis es in Erfüllung gegangen sei.«

Über den dritten Teil der angeblichen Botschaft bewahrte Lucia weisungsgemäß Stillschweigen. Sie übersandte sie durch den Bischof von Leiria/Fátima an den Papst. Sie sollte 1960 publik gemacht werden. Es heißt, Johannes XXIII. habe sie zum gegebenen Zeitpunkt geöffnet, gelesen und wieder unter Verschluß genommen. Ein Kardinal, der den Text ebenfalls gelesen hatte, ließ verlauten, es handle sich um eine Prophezeiung.

Hanauer nimmt an, daß die Öffentlichkeit deshalb nicht davon in Kenntnis gesetzt wurde, weil sie ebenso unglaubwürdig ist wie die restliche Verkündigung.

Keine Angst vor Fátima

1957 veröffentlichte ein Priester ein Gespräch, das er mit Schwester Lucia geführt habe, wobei ihm die Vision mitgeteilt worden sein soll: die Ankündigung nämlich eines Strafgerichts, das noch furchtbarer ausfallen werde als der Zweite Weltkrieg – für das Jahr 1960. Ganze Nationen würden vom Erdball verschwinden. Bis zu ebendiesem ominösen Jahr 1960 hätte sie jedoch darüber zu schweigen.

Vor dem dritten Teil der Botschaft von Fátima brauchen wir uns also offenbar nicht zu fürchten. Was geschah 1917 aber wirklich? Es scheint festzustehen, daß seltsame Phänomene von drei Hirtenkindern wahrgenommen wurden und die Kinder diese Geschehnisse mit der Muttergottes in Zusammenhang brachten. Die Erscheinung forderte die Menschen zum Gebet auf. Sie vertraute ferner den Kindern »Geheimnisse« an, die nach deren unmittelbarer Aussage jedoch privater Natur waren. Tatsache ist ferner, daß seit dem Ereignis Millionen von Menschen nach Fátima gepilgert sind, daß Millionen dort für sich und andere gebetet haben und daß es viele Heilungen gegeben hat – auch wenn nur wenige von ihnen strenger Prüfung standhalten. Aber wer möchte das schon prüfen?

Was geschah 1917 wirklich?

Fátima: Ufos? Engel? Devas?

Von manchen Forschern wird das Fátima-Phänomen mit Ufos in Verbindung gebracht. Ein amerikanischer Autor, George C. Andrews: »Das Phänomen, das eine Menge von mehr als 70 000 Menschen beim Wunder von Fátima 1917 erlebte, ähnelt stark den Beschreibungen von modernen **Das Wunder und** Ufo-Sichtungen . . .« Besonders die rotierende **seine Auslegung** Sonne scheint an Phänomene, wie sie Ufo-Sichtungen mit sich bringen, zu erinnern. Auch die portugiesische Autorin Fina d'Armada gibt dem Ganzen eine ufologische Deutung. Johannes Fiebag hat dieser These sogar ein Buch gewidmet (»Die geheime Botschaft von Fátima«).

Mir kam zunächst ein anderer Gedanke. Der Engel, berichteten die Kinder, gab sich als Schutzpatron Portugals zu erkennen. Es war ein überirdisch schöner Jüngling, durchsichtig wie Kristall. Und die Jungfrau – eigentlich die Erscheinung eines jungen Mädchens von etwa siebzehn Jahren – pflegte in oder über einer kleinen Steineiche zu erscheinen. Wie nun, wenn die Kinder es mit jenen engelähnlichen Wesen zu tun hatten, die wir Naturgeister nennen – in diesem Fall der Landschaftsdeva Portugals – und vielleicht einer Baumelfe?

Fátima und die Göttin aus Arabien

Dann aber fiel mir die Bezeichnung des Erscheinungsorts auf: Fátima. Ein Ortsname aus arabischer Zeit. Im Islam hat die Gestalt der Fatima eine ähnliche, wenn nicht gar die gleiche Bedeutung wie im Christentum die der Maria. »So wie in Europa die Qualitäten der Göttin hauptsächlich vom Marienkult assimiliert wurden, wandelte sich die Göttin in Arabien zu Fatima, einer mythischen Tochter Mohammeds«, schreibt Barbara G. Walker.

Die alte arabische Göttin al-Alat wandelte sich im Islam zu einer männlichen Gottheit, Allah. Ihre weiblichen Eigenschaften wurden Fatima, der angeblichen Tochter Mohammeds, zugesprochen. Seltsamerweise wird Fatima dennoch gleichzeitig als »Mutter ihres Vaters« bezeichnet, als »Schoß der Sonne« und Schöpferin. Sie personifizierte auch den Rosengarten des Paradieses. Arabische Mystiker waren es, die den Rosenkranz nach Europa brachten, der dann der christlichen Himmelskönigin gewidmet wurde. Kann es Zufall sein, daß Maria ausgerechnet in einem Ort namens Fátima erschien? Den Kindern zufolge trug sie einen Rosenkranz in den Händen. Und noch eine Maria-Fatima-Parallele: Das Sonnenwunder ging mit bunten Strahlenbündeln in allen Regenbogenfarben einher. In der arabischen Mythologie war Regenbogenlicht eine Manifestation Fatimas.

Die Tochter Mohammeds?

Kommt die Große Mutter zurück?

Sollte das Maria-Fatima-Phänomen ebenso wie die Häufung der Marienerscheinungen in unserem Jahrhundert etwas mit dem Wiederauftauchen der Göttin zu tun haben? Swami Vivekananda, Ramakrishnas großer Schüler, sagte: »Eine Vision sehe ich so klar vor mir wie das Leben selbst: Es ist die uralte Mutter, die wieder erwacht ist; sie sitzt auf ihrem neu errichteten Thron, herrlicher denn je. Möge sie zu der ganzen Welt mit ihren Worten des Friedens und des Segens sprechen« (zitiert nach Walker).

Portugal und die Göttin

In Portugal übrigens hat die ländliche Bevölkerung nie ganz aufgehört, die »heidnische« Göttin, die sie mit dem Mond assoziiert, zu verehren. (Der Mond war das Ursymbol der großen Göttin.) Im übrigen Europa konnte sie zumindest bis ins Mittelalter hinein im Untergrund »überleben«. Heute spielt die christianisierte Große Mutter in Gestalt der Jungfrau Maria in der religiösen Praxis der Portugiesen eine führende Rolle. Zweihundertsechzehn Wallfahrten gibt es im Lande, da-

Die Himmelskönigin am Wegrand (bei Braga)

von gelten neunundneunzig der Maria, nur
zwanzig ihrem Sohn, vierzehn dem Heiligen
Geist, und die übrigen dreiundachtzig müssen
sich zweiunddreißig verschiedene Heilige teilen.
Diese *romarias* finden meist zwischen Mitte August und Mitte September statt. Es sind wahre
Volksfeste mit feierlichen Bräuchen und religiösen Riten, die teilweise aus vorchristlicher Zeit
stammen. Man vermutet, daß die Kirche das
Wunder von Fátima bewußt und gern genutzt
hat, um ein ordentliches katholisches Gegenmo-
dell ohne diese profanen Elemente zu schaffen.

Fátima: »Altar der Welt«
Wir besuchen auch die Basilika, die in Fátima
unweit der Cóva da Iria errichtet wurde, dem Ort
der meisten Erscheinungen. Sie weist keine für
uns erkennbare besondere Ausstrahlung auf. Von
innen ist sie hell und schön. Der Vorplatz hat die
Größe eines riesigen Fußballstadions und wird
von Lautsprecheranlagen beherrscht. Schilder
mahnen, daß man den Ort als Pilger betreten soll.
Die Menschen scheuen sich nicht, zum Beten irgendwo stehenzubleiben oder gar auf den Knien
herumzurutschen. Fotografieren erscheint wie
ein Sakrileg.

Die Basilika und die große Wallfahrt

Zur großen Wallfahrt am 13. Mai oder am 13.
Oktober nach Fátima zu kommen – das ist natürlich etwas anderes. Wer diese Massenveranstal-
tung erleben will – ganz Portugal feiert am Bildschirm mit –, dem kann ich nur raten, sich ganz
hineinzustürzen, nicht Beobachter zu bleiben,
sondern teilzunehmen. Nur so vermag man die
Kraft des Massenrituals am eigenen Leib zu spüren. Viele Pilger kommen mit Decken, Eßvorräten

Gigantisch: Die Basilika von Fátima und Kochgeschirr. Abends gibt es ein großes Lichterfest auf dem Vorplatz der Basilika, der übrigens doppelt so groß ist wie der Petersplatz in Rom. »Altar der Welt« nannte Papst Paul VI. Fátima anläßlich seines Aufenthalts im Jahr 1967.

Besuch in Leiria

Den Abend verbringen wir in *Leiria,* einer merkwürdigen Mischung aus Schönheit und Häßlichkeit, das wie viele portugiesische Städte von einer trutzigen Burg überragt wird und voll von herrlichen alten Häusern ist. Es regnet. Eine Kapelle spielt im Freien, eine Handvoll Menschen hören zu, einige wenige Paare tanzen – zwei Frauen, zwei Mädchen sowie ein dünner kleiner Mann mit einer großen dicken Frau in Pantoffeln –, den dünnen Aprilregen ignorierend, mit viel Schwung und Vergnügen. Bunte Lämpchen täuschen Sommerabend-Stimmung vor.

Zu Valinhos: *Eine milde, warme, helle Ausstrahlung, die keineswegs nur dadurch verursacht wird, daß Men-*

schen dorthin kommen und beten. Sie hängt vielmehr
mit dem Ort an sich zusammen. Es ist ein Platz, an
dem die Erde selbst Zärtlichkeit, Liebe und Sehnsucht
verströmt und es solcherart möglich macht, daß Er-
scheinungen und Wunder in der Art, wie sie dort
geschehen sind, Wirklichkeit werden. Der andere Platz
in der Nähe der Kirche ist etwas kraftvoller von der
Energiestruktur her.

Das Phänomen als solches: *Fátima ist eine Er-*
scheinung der Großen Göttin, des Urgrunds der
Schöpfung, jenes Urgrunds, den die Menschen als
weiblich bezeichnen. Dies gilt für den Platz Fátima, für
die mythische Gestalt der Fatima ebenso wie für die
Erscheinung, die dort stattgefunden hat. Auf welch
technischem Weg sie zustande kam, ist im Augenblick
nicht zu erkennen; zu erkennen ist nur die geistige
göttlich-weibliche Wirklichkeit, die dahintersteht.

Tomar: Die Tempelritterburg

Von Leiria nach *Tomar.* Während der Fahrt dorthin zeigt die Landschaft ein Alltagsgesicht. Der
Himmel ist düster, als wir am Mittag die langge-
streckte Tempelritterburg auf einem Hügel in der
Ferne entdecken. Zu ihren Füßen liegt das Städtchen Tomar, einst von und für Templer gegründet. Der Weg zur Burganlage führt durch einen
uralten Park den Hügel hinauf. Wir beginnen
unseren Rundgang mit dem ältesten Teil der Anlage, der *Rotunda* aus dem 12. Jahrhundert, einer
typischen Templerrundkirche auf sechzehnseiti-
gem Grundriß. Im Innern fallen acht prunkvolle
Säulen und ein schlichter großer Altar auf – eine
Replik des Allerheiligsten in der Jerusalemer Gra-

Abbildung 1

Abbildung 2

Abbildung 3

Abbildung 4

Abbildung 5, 6

Abbildung 7

Abbildung 8

Abbildung 9

Abbildung 10

Abbildung 11

Abbildung 12

Abbildung 13

Abbildung 14

Abbildung 15

Abbildung 16

Abbildung 17

Abbildung 18

Abbildung 19

Abbildung 20

Abbildung 21

Abbildung 22

Abbildung 23

Abbildung 24, 25

Abbildung 26

Abbildung 27

Abbildung 28

beskirche, die allerdings in Form und Proportion
nicht mit jener übereinstimmt – eher mit dem Fel-
sendom in Jerusalem. Das Sonnenlicht fällt durch
die kleinen, hochliegenden Fenster und bringt die
goldverzierten Säulen zum Leuchten. Der Gang um
die Rotunda oder *Charola* – das Deambulatório –
erlaubte einen »Ride-in«-Gottesdienst: Die Templer
konnten ihm zu Pferd beiwohnen.

Die wundersame Geschichte des Templerordens

In Jerusalem liegt die Wurzel des Geheimnisses,
das den Tempelritterorden bis heute umhüllt.
Neun arme Ritter, so die offizielle Geschichtsschreibung, erschienen eines schönen Tages beim
König von Jerusalem, erklärten, die Pilger im Heiligen Land schützen zu wollen, und wurden
prompt vom Herrscher in einem Flügel seines
Palastes einquartiert. Neun Jahre später kehrten
diese Ritter nach Europa zurück, man bereitete
ihnen einen triumphalen Empfang; ihr in Jerusalem gegründeter Orden wurde per eigens einbe-
rufenem Konzil bestätigt und gelangte innerhalb
kürzester Zeit zu unvorstellbarem Reichtum. Die
Templer kamen bald in Besitz großer Ländereien
in ganz Europa und stiegen zur führenden wirt-
schaftlichen, politischen und geistigen Macht auf.
Der Orden war Bank für Könige und Kaufleute,
Beschützer für Reisende und freie Maurer; er fun-
gierte als Mittler auf höchster politischer Ebene
und unterstand nur dem Papst.

Beschützer der Pilger im Heiligen Land

Die Ritter und der Gral

Diese höchst wundersame Entwicklung hängt
ganz offensichtlich mit dem Aufenthalt der »neun

armen Ritter« in Jerusalem zusammen. Zufällig
befand sich ihr Quartier im Schloß über den
Grundfesten des zerstörten salomonischen Tempels. Es steht ziemlich fest, daß die Ritter nicht zum
Schutz von Pilgern (wie hätten sie dies zu neunt
auch angesichts der Scharen bewerkstelligen können?) nach Jerusalem gereist waren, sondern um
dort nach etwas Bestimmtem zu suchen. Vermut-   **Was fanden die**
lich war ihnen im Keller des Schlosses, in den   **Templer?**
Überresten des Tempels Salomons, Erfolg beschie-
den. Sie stießen auf etwas, was nicht nur ihrem
Orden seine spätere Bedeutung verlieh, sondern
die Geschichte Europas nachhaltig prägte. Louis
Charpentier vermutet, daß es sich bei ihrem Fund
um Informationen handelte, die einen Schlüssel
zum Bauplan des Universums enthielten: jene Ge-
setzestafeln nämlich, die schon Moses in Händen
hatte. Charpentier setzt diese mit dem »Gral«
gleich, der legendären »Schale des Wissens«. Die
Tempelritter sollten die Tafeln nach Europa bringen und dafür sorgen, daß das Wissen, das sie
manifestierten, sinnvoll angewandt, verbreitet
und geschützt wurde. In der Folge breitete sich in
Europa die Gotik sprunghaft aus – eine Baukunst,
die ein großes Wissen verlangt, das ganz offensichtlich vorher nicht vorhanden war.

Die Templer und die Kinder von Jesus

Drei BBC-Fernsehjournalisten kamen auf eine
ähnliche Spur. Ihre abenteuerliche, jahrelange Re-
cherche – genau und spannend dokumentiert in
»Der heilige Gral und seine Erben« – eines ursprünglich harmlos anmutenden Vorfalls führte
sie jedoch letztlich zu anderen Schlußfolgerun-
gen. Demnach bezogen sich jene Informationen,

welche die Ritter in Jerusalem suchten und fanden, auf Jesus. Dieser, darauf scheinen die Untersuchungsergebnisse der Journalisten hinzuweisen, war königlicher Abkunft; er hatte einen legitimen Anspruch auf den jüdischen Thron (den er auch vertrat), war verheiratet und hatte Kinder. Diese Nachkommen sollen nach Europa geflüchtet sein und sich später mit der königlichen Linie der Franken verbunden haben, wodurch die Dynastie der Merowinger entstand. Was den Rittern in Jerusalem in die Hände fiel, seien Belege, vermutlich Urkunden, die Jesu Abstammung, Ehe oder die Geburt seiner Kinder bestätigten. Den Tempelrittern oblag fortan die Aufgabe, diese Dokumente und das »königliche Blut« – französisch »le Sang réal« (Gral) – zu behüten.

Rätselhafter Gral Daß die Tempelritter mit dem Schutz des Grals betraut waren, berichten auch Sagen und Legenden. Oft wird der Gral dabei mit dem Matriarchat in Verbindung gebracht, und den Rittern oblag die Verteidigung der alten Gesetze des Mutterrechts, was ihnen jedoch nicht gelang. Das Matriarchat zerfiel, der Gral war verloren. Sogar einige christliche Schriften gaben zu, der Gral sei in Wirklichkeit nicht, wie sonst in christlichen Kreisen angenommen, der Abendmahlskelch von Jesus, sondern ein Kessel: der Kessel der Erneuerung der Großen Mutter. Johannes und Peter Fiebag, die den Forschungen zweier britischer Wissenschaftler nachgingen, halten ihren Recherchen zufolge den Gral für eine Art Manna-Maschine außerirdischer Herkunft. Auch sie vermuten, daß die Templer den Gral besaßen. Für die meisten Menschen hat der Gral eine eher mystische Bedeutung. Aber das ist eine andere Geschichte.

Der Orden wird vernichtet

Der Tempelritterorden wurde aus Gründen machtpolitischer Interessen in Frankreich und in der Folge auch in anderen Ländern mit einem plötzlichen Schlag vernichtet. Die Ritter wurden der Ketzerei angeklagt, der Inquisition überstellt, viele gefoltert und getötet. Sie gestanden unter Qualen und Torturen alles mögliche, nur nicht ihr eigentliches »Geheimnis«. Auch der sagenhafte Tempelschatz ist und bleibt verschwunden.

Portugal tauft den Templerorden um

In Portugal blieb der Orden verschont. Eine Untersuchungskommission unter dem Erzbischof von Lissabon sprach sie von jeglichem Verdacht frei. König Dinis – der Landmann – handelte einen Kompromiß mit dem Vatikan, der die Auflösung des Ordens angeordnet hatte, aus. Er ließ die Festung in Tomar zwar besetzen, verschaffte ihren Bewohnern aber genügend Zeit, um zu verschwinden und im Ausland Asyl zu suchen. Sodann gründete er – 1318 – den Christusritterorden als Nachfolgeorganisation. Die meisten Templer kehrten zurück und traten dem neuen Orden bei. Das Ordenszeichen, das achtspitzige rote Tatzenkreuz auf weißem Mantel, wurde fast unverändert übernommen. Man verlegte anstandshalber den Stammsitz für kurze Zeit nach Castro Marim an der Algarve, richtete sich aber 1356 wieder in Tomar ein. Fortan hat Tomar vielen verfolgten Rittern Zuflucht gewährt. Im Verlauf der Jahrhunderte kam Kloster um Kloster hinzu, jedes in einem anderen Stil und mit anderer Atmosphäre. Unter Heinrich dem Seefahrer, der hier eine Zeitlang ein äußerst asketisches Leben führte, wurden

das *Claustro do Lavagem* und das *Claustro do Cemitério* angebaut. Die Christusritter waren der
Hauptmotor der Eroberungszüge, die unter Heinrich begannen. Im 16. Jahrhundert erreichte der
Orden mit 450 Komtureien seine größte Ausdehnung. Ich kann mich des Eindrucks nicht erweh-
ren, daß der Christusritterorden von der ursprünglichen Templerlinie schließlich doch er-
heblich abwich: Einer seiner Ordensmeister
nämlich, Balthasar de Faria – er ist im Claustro do
Cemitério begraben – führte die Inquisition in
Portugal ein.

Die Burg in Tomar

Die Tempelritterburg ist eine äußerst verschach-
telte Anlage. Optisch sind die Innenhöfe der verschiedenen Klöster recht schön, doch kalt und
zugig. Keinerlei Wärme geht von der Schönheit
aus. Der einzige heute noch energetisch gute Ort
scheint uns die Rotunda zu sein. Von ihr breitet
sich eine friedliche und erhebende Aura aus.

Angriff einer chaotischen Macht

Gegen Ende unseres Besuchs fühlen wir beide
uns ausgesprochen schlecht und verspüren starke
Kopfschmerzen. Aber erst, als wir das Labyrinth
der Templerburg hinter uns gelassen haben, mer-
ken wir, in welch starkem Maß uns dieser Platz
beeinträchtigt hat. Es ist wie der Angriff einer
chaotischen Kraft auf unser Energiesystem. Wir
brauchen Stunden, um uns davon zu erholen. Die
Ritter müssen seinerzeit eine andere Konstitution
gehabt haben. Oder die Energie des Platzes ist
inzwischen »umgekippt«, was ja durchaus geschehen kann.

*Rechts:
Tomar – Claustro
dos Filipos*

Wir spekulieren: Wenn der Hügel einst ein
besonderer Kraftplatz war – was oft behauptet

wird – dann wurde die ihm eigene Energie ursprünglich in der Rundkirche sinnvoll gebündelt.
Später wurde dann ohne Rücksicht auf die natürliche Energiestruktur, auf Ordnung und Harmonie hinzugebaut, um immer neuen Ankömmlin-
gen Platz zu bieten. Das bauliche Durcheinander
hat dazu geführt, daß die ursprünglich geordnete
Kraft nun chaotisch und destruktiv wirkt. Hinzu
kommt, daß die Anlage bereits seit mehr als zwei-
hundert Jahren nicht mehr als Kloster und seit
1910 zu überhaupt keinem Zweck mehr dient –

Der Steinkadaver außer der Besichtigung. Mein Batalha-Alptraum
hätte hier besser hingepaßt: ein Steinkadaver. Allerdings einer, der historisch – teilweise auch architektonisch – von großer Bedeutung für Portugal ist und den kaum ein ernsthafter Besucher
ausläßt. Zweifellos wird Tomar nicht auf jeden so
stark negativ wirken. Wir waren zum Zeitpunkt
der Reise besonders offen für Phänomene dieser
Art. Ich empfehle aber auf jeden Fall, sich Tomar
nur in einem ausgeruhten, geordneten Zustand
zu widmen und sich kraft Vorstellung gut abzu-
schirmen.

Zu Tomar: *Viele verschiedene Einflüsse überlagern
hier einander. Das empfundene Chaos stammt weniger
vom architektonischen Durcheinander als vielmehr
von verschiedenartigen, einander absorbierenden Gedankenstrukturen. Zu viele verschiedene Gruppen, zu
viele verschiedene Strömungen hat es hier gegeben.
Tatsächlich fand ein geistiger Bruch in der Entwicklung des Ordens statt. Vermutlich, soweit erkennbar,
zur Zeit der Umbenennung. Die neue Linie, wie sie
sich jetzt wahrnehmen läßt, stimmte nicht mehr mit
den Urintentionen der Templer überein, sondern wur-*

*Christusritterkirche
in Tomar: Über dem
Portal*

de diktiert vom König, in gewisser Weise ein bißchen
erpreßt. Nicht allen ehemaligen Templern war die neue
Linie lieb. Sie mußten sich aber nach außen hin fügen.
Sie wurden bald auch strengstens aus unmittelbarer
Nähe kontrolliert. So verschwand mit der Zeit der alte
Geist aus dem Orden, existierte aber in Gestalt von
Gedankenformationen, die zu den neuen Gedankenformationen in Dissonanz standen, fort. Später kamen
noch andere Unstimmigkeiten hinzu. Dies alles kann
von sensitiven Personen beim Besuch wahrgenommen
werden, was unter Umständen zu einem Zustand kör-

perlicher und mentaler Disharmonie führt. Das archi-
tektonische Durcheinander macht gar nicht einmal so
viel aus. Die Architektur hat die Grundharmonie des
Platzes nicht wirklich stören können; wenn sie auch
gewisse diesbezügliche Elemente enthält, so ist doch
der Kern noch stark genug. Dieser besteht nicht nur
aus der alten Rundkirche, sondern aus der Gesamt-
kirche, von der die Rotunda nur einen Teil darstellt.

Auch hier wäre es hilfreich, wenn das Ganze, wenn
schon nicht zerstört, so doch gereinigt würde oder
wiederbelebt durch einen neuen Sinn und Zweck. Das
könnte sehr zur Klärung der Gesamtatmosphäre im
Lande beitragen.

Die Aufgabe der Templer Zur Aufgabe der Templer: Jene waren die Hüter des
Wissens. Sie sind damit Glied einer langen Kette, die
nicht erst in Atlantis begann, sondern früher. Sie
haben dieses Wissen weitergereicht in relativ lückenlo-
ser Weise an die Freimaurer. Jedesmal, wenn das Wissen übermittelt wird von einem Träger an den anderen,
geht diesem Vorgang ein Abstieg, ein geistiger Zerfall
der Trägergruppe, voraus. So war es bei den Templern,
so ist es auch bei den Freimaurern, die sich anschicken
– und dieses Anschicken versteht sich über einen weiten historischen Zeitraum –, das Wissen wiederum
weiterzureichen, an einen neuen Träger. Ein solcher
formiert sich bereits, kann aber noch nicht benannt
werden, weil er sich noch nicht genügend konkretisiert
und gruppiert hat. Dieses Weiterreichen geschieht
nicht in oberflächlich absichtlicher und bewußter Weise, sondern gemäß einem zugrundeliegenden geistigen
Plan.

Mit dem Satz, »die Templer waren Träger des Wissens«, ist nicht gesagt, daß alle Tempelritter besonders
erhabene und edle Wesen gewesen seien; sie waren
durchaus, jedenfalls viele von ihnen, im heutigen Sin-

ne barbarisch, konnten grausam und fanatisch sein
und dennoch gleichzeitig Hüter und Träger einer im
damaligen Sinn esoterischen Erkenntnis. Nur in we-
nigen von ihnen ist diese Erkenntnis zur lebendigen
Realität geworden, hat sich nur in wenigen von ihnen
wirklich entwickelt bis zur Reife und Meisterschaft, die
erst wahre Liebe und Milde hervorbringen kann. Sie
haben dennoch ihre Aufgabe voll und ganz erfüllt, ihr
Wissen gut gehütet, nicht an Uneingeweihte weiterge-
geben, auch nicht unter Folter und Androhung des
Todes.

Noch einmal: Valinhos

Zur Erholung fahren wir wieder ins nahegelegene
Valinhos bei Fátima. Am Spätnachmittag spazieren wir den heiligen Hügel hinauf. Es ist still, fast
einsam, und die Sonne wärmt noch. Wunder-
schön die hellen Pilgerwege, die uralten Olivenbäume, die Steinmäuerchen, die Licht- und Schat-
tenspiele der Nachmittagssonne. Ein Mann im **Ein Hügel, der**
Regenmantel kniet vor dem Marmorengel und **lebt**
betet. Eine kleine Pilgergruppe absolviert fröhlich
schwatzend die Kreuzwegstationen nebst Exerzi-
tien. Auf dem Rückweg in der Abenddämmerung
kommen wir an den Andenkenläden vorbei. Ihre
Besitzer unterhalten sich über die Straße hinweg.
Sie verkaufen Kruzifixe zwischen Pullovern und
Töpferwaren, Eiscreme, Tischdecken sowie Marien in allen Größen, auch als Kachel für die Haus-
wand. Religion gehört eben zum ganz normalen
täglichen Leben. Man könnte das alles auch stö-
rend und kitschig finden. Uns aber zieht der kleine Hügel magisch an wie keiner der alten religiösen Kultplätze, die alle »ehemalig« sind. Dieser
hier lebt. Von ihm geht etwas Besonderes aus –

nicht deshalb, weil hier vor einem Menschenalter
etwas Märchenhaftes geschah, sondern weil er
sich als lebendiger Tempel manifestiert hat.

Alcobaça
und Portugals Romeo-und-Julia-Story

Ein Abstecher nach *Alcobaça,* zur Klosterkirche
Santa Maria, die einst zu Ehren des heiligen Bern-
hard von Clairvaux – der übrigens die Statuten
des Tempelritterordens verfaßte – gebaut wurde.
Santa Maria ist die erste große frühgotische Klo-
steranlage Portugals und reinstes erhaltenes Beispiel der Zisterzienserarchitektur überhaupt. Fast
tausend Mönche beherbergte die Abtei. Die Klo-
sterbrüder machten das Land urbar, führten einen geistlich orientierten Schulbetrieb ein und
prägten gemäß der Zisterzienserdevise *ora et labo-
ra* – bete und arbeite – das wirtschaftliche und
geistige Leben ihrer weiteren Umgebung. Sie besaßen hier dreizehn Dörfer, ferner zwei Seehäfen
und zwei Schlösser; ihr Abt war Berater des Kö-
nigs. Das Kloster hat den größten Küchenkamin,
den man sich vorstellen kann, und einen schönen
Innenhof mit Orangenbäumen, riesige Hallen,
schlicht und schön gebaut, manche riechen mod-
rig. Einige Gebäudeteile werden von Institutio-
nen genutzt, andere stehen leer. Die Stimmen der
Besucher hallen in den leeren Räumen.

In der Klosterkirche – der größten Kirche Portugals – liegt in zwei prächtigen gotischen Sarkophagen eine portugiesische Legende begraben:
jene von Pedro und Inés. Pedro, Sohn des Königs
Afonso, heiratete mit zwanzig Jahren zwar die

*Links:
Zisterzienserkloster
in Alcobaça*

Sarkophag von Pedro

von seinem Vater für ihn ausgewählte Frau, verliebte sich jedoch in eine ihrer Hofdamen mit Namen Inés de Castro. Inés war Spanierin, und diese Tatsache wurde ihr später zum Verhängnis. König Afonso verbannte Inés aus Portugal. Fünf Jahre später starb die Gemahlin Pedros; und jener holte seine Geliebte zurück, heiratete sie und lebte mit ihr neun Jahre zusammen. Vater und hoher Adel, von Furcht vor spanischen Thronansprüchen getrieben, hielten 1355 in Abwesenheit Pedros einen Kronrat und beschlossen, daß die Spanierin mit zweien ihrer Söhne sterben müsse. In ihrem Palast beim Kloster *Santa Clara* in der Nähe Coimbras wurde Inés enthauptet. So fand sie Pedro, als er heimkehrte. Sein Zorn war so groß, daß er einen Krieg gegen seinen Vater anzettelte. Er mußte jedoch bald klein beigeben. Nach dem Tod Afonsos aber rächte er sich fürchterlich an den

Sarkophag von Inés

Mördern, ließ Inés' Körper exhumieren und zur
Königin krönen. Was ihn im übrigen nicht daran
hinderte, sich bald wieder zu vermählen.

Pedro und Inés aber gingen als *das* portugiesische Liebespaar in die Geschichte ein. Ihre Sarko-
phage stehen in der Klosterkirche von Alcobaça,
so aufgestellt, daß die Liebenden bei ihrer Auferstehung einander gleich in die Augen blicken
können. *A.E.A. fim do mundo* besagt eine rätselhafte Inschrift an Pedros Grab – vermutlich *aqui espe-
ro até o fim do mundo.:* Hier warte ich bis zum Ende
der Welt.

Der Garten der Tränen in Coimbra

Der Ort, an dem Inés ihr Leben ließ, *Jardim das
lágrimas,* Garten der Tränen, genannt, kann heute
noch am Südufer des *Mondego* in Coimbra besich-
tigt werden: ein schattiger Park mit Libanonze-

dern und mit einer Quelle, an der die unglückliche Spanierin ihre letzte Stunde verbrachte. Hier erzählt man sich eine seltsame Geschichte. Vor einigen Jahren starb der Besitzer des Herrenhauses, das in diesem Park liegt. Als man einige Zeit später den Trauerflor entfernte, wurde plötzlich auch der Erbe des Senhor vom Tod heimgesucht. Da brachte man den Flor schleunigst wieder an.

Sintra und Lissabon:
Die Stadt der Mondgöttin und
die Metropole am Tejo

Sintra: Die Magie der Schönheit

Sintra, Café Paris: ein blauviolett gekacheltes Lokal. Korbstühle auf schattiger Terrasse. Touristen
aus aller Welt (hier in Sintra möchte man lieber
sagen: Reisende) kommen hier zusammen – oder
vielmehr, leider: Man lebt aneinander vorbei, jeder auf seine Gruppe oder Familie konzentriert.
Was könnte dies für ein großartiger internatio-
naler Treffpunkt sein! Japaner kann man hier
kennenlernen und Amerikaner, Spanier und Hol-
länder, vor allem aber Engländer. Schon Lord
Byron schwärmte von Sintra. Der britische Poet
und Weltreisende Robert Southey schrieb: »Sintra, wohl der schönste Ort der Erde, rührt mich zu
Tränen.« Gegenüber der Café-Terrasse steht ein
seltsamer Königspalast – *Paço Real* – mit zwei
gewaltigen kegelförmigen Schornsteinen, die der
Unkundige für zwei klobige Schloßtürme halten
könnte. Auf dem kleinen Parkplatz vor dem
Schloß drängen sich, von steil ansteigenden Gassen heraufkommend, Reihen von Touristenbus-
sen und Autos. Komplizierteste Manövriermaß-
nahmen gehen lautlos, gleitend und sanft vor
sich, mit Hilfe eines Polizisten, dessen Freund-

lichkeit und Langmut keinen Augenblick nach-
läßt. Ob das an der lieblichen Atmosphäre der
Stadt liegt?

Sintra. So viel Schönheit und Zauber an einem
einzigen Platz sieht man selten. Das erkannten
schon die Römer, die hier siedelten, gefolgt von
den Mauren, die einen Palast (dort, wo heute der
Paço Real steht) und eine Burg in Sintra errichteten, deren efeubewachsene Überreste man hoch
Sommersitz der über der Stadt besichtigen kann. Die portugiesi-
Könige schen Könige, beginnend im 14. Jahrhundert mit
João I., erkoren Sintra zu ihrem Sommersitz. Die
reichbewaldeten Berge der *Serra de Sintra* mit ihren geheimnisvollen Felsbildungen, mit uralten
Steingiganten, tief in den feuchtkühlen, dunklen
Wäldern verborgen, der Blick aufs nahe Meer, das
immer sanfte Klima hatten es ihnen angetan. Heute weiß man, daß wichtige geomantische Linien
sich in Sintra kreuzen. Der Name der Stadt geht
möglicherweise auf die Mondgöttin Cynthia zurück.

Der Palácio da Pena: Ein Kindertraum

Wenn Sie etwas Vergnügliches erleben möchten,
sollten Sie den *Palácio da Pena* besichtigen, der auf
einem Hügel über der Stadt inmitten eines herrlichen Parks mit subtropischer Vegetation steht.
Ein Zauberschlößchen wie aus dem Märchen-
buch, das fortlaufend restauriert und lebendig
gehalten wird. Die Originaleinrichtung und -aus-
stattung ist so gut wie komplett erhalten und wird
sorgsam gepflegt. Der Palast vereinigt in kind-
lich-fröhlicher Weise sämtliche im 19. Jahrhundert bekannten Baustile und sieht überhaupt aus,
wie von einem Kind erträumt. Ein deutscher In-

*Der Palácio da Pena
in Sintra*

genieur, Baron von Eschwege, hat dieses portugiesische Neuschwanstein für den deutschen
Ehemann der Königin Maria da Gloria konzipiert
und kunstvoll an den Berg gebaut, wobei er den
Fels einbezog und die umgebende Natur dem
Bauwerk anpaßte. Der künstlerische Wert des Gebäudes steht nicht besonders hoch im Kurs. Es
wird als Produkt sentimentaler Empfindungen
des 19. Jahrhunderts abgetan. Uns aber macht es
Spaß. Fröhliche Stimmung herrscht unter den Be-
suchergruppen aus allen Erdteilen, leise Barock-
musik erklingt aus verborgenen Lautsprechern.
Schade nur, daß man sich nicht auf die alten Sessel
setzen und an den üppig gedeckten Tischen Tee
trinken darf.

Da gibt es einen Ballsaal in Rosa und Rot, mit

vier hölzernen Türken, die Kerzen tragen, mit Diwans, chinesischen Tellern und Vasen und mit hochfeinen Stuckarbeiten an den Wänden; in einem hier aufliegenden Buch aus dem 19. Jahrhundert erfährt man, was eine Dame einem Herrn **Die Sprache des** seinerzeit vermittels ihres Fächers alles mitteilen **Fächers** konnte (»warten Sie draußen auf mich«, »ich gehöre einem anderen«, »küssen Sie mich« und so fort), welche Rolle der Fächer in der taoistischen Philosophie spielte (Symbol des freien Flugs zum Land der Unsterblichen) und welche in der indischen Mythologie (Attribut Vishnus).

In der Kirche des alten Klosters, das den Kern der Schloßanlage bildet, steht ein herrlicher Alabasteraltar von Nicolas Chantarène, einem der bedeutendsten Renaissancekünstler. Chantarène wäre übrigens um ein Haar der Inquisition zum Opfer gefallen, weil er jemandem eine Alraunwurzel, eines der ältesten Amulette der Pflanzenwelt, gezeigt hatte.

Das Kapuzinerkloster: Verwunschen im Wald

Der größtmögliche Gegensatz zum Palácio da Pena – ebenso märchenhaft, doch bitterarm – liegt gleich auf dem nächsten Berg: der *Convento dos Capuchos*, ein altes Kapuzinerkloster. Durch dunklen Zauberwald voller Farn und Flechten, von alten, grün überwucherten Mauern gesäumt, windet sich die schmale Straße den Berg hinauf. Eiben, Eukalyptus, dschungelartige Baumriesen, teils efeubewachsen, dazwischen riesige runde Felsbrocken.

Wie verwunschen liegt der Konvent im Wald, am Nordhang der Serra de Sintra, dem mystischsten und dunkelsten Teil dieses Waldes, der voller Eiben ist. Das Innere des Klosters beeindruckt durch asketische Kargheit, während außen märchenhafte Schönheit das Auge blendet. Die Häuschen, die Kapelle und der Brunnen wurden so harmonisch mit Felsen und Bäumen verbunden, daß sie fast mit der Natur verschmelzen. Die Zellen, größtenteils in den Fels gebaut, sind dermaßen klein, daß die Mönche weder aufrecht eintreten noch ausgestreckt schlafen konnten; dick durften sie auch sie nicht sein, dafür sind die Türen zu schmal. Natürlich, die Menschen waren damals von niedrigerer Statur – aber so winzig nun auch wieder nicht. Strengste Askese, verbunden mit einer offensichtlich selbstquälerischen Buße gehörte zur Ordensregel der Kapuziner. Ende des 16. Jahrhunderts lebte und starb hier der heilige Honorius. Im halbdunklen Kaminzimmer,

Asketisch innen, märchenhaft außen

Kapelle im Convento dos Capuchos

einem kleinen Raum mit gemauerten Bänken an der Wand, die wie vieles in diesem Kloster zum Schutz vor Feuchtigkeit und Kälte mit Kork bezogen sind, lasse ich mich nieder und schaue aus dem winzigen Fenster auf das leuchtende Grün der Blätter und Bäume. Als ich die Augen schließe, wird mir hell und friedlich zumute.

Plätze zum Träumen und Meditieren Wenn man auf dem Klostergelände herumklettert, kann man eine Menge verborgener Plätze entdecken, die zum Verweilen, zum Träumen oder zum Meditieren einladen. Ich empfehle deshalb, sich viel Zeit zu nehmen oder mehrere Male zu kommen, am besten während der Woche in den Morgen- oder Abendstunden. Ganz in der Nähe gibt es einen Campingplatz, der – jedenfalls außerhalb der Hochsaison – schlecht und recht vom selben Mann bewacht wird, der auch für das Kloster zuständig ist. Dieser Platz ist nicht viel mehr als eine Lichtung im Wald mit einem Waschhäuschen. Oft rauscht der Wind in den hohen Bäumen, manchmal regnet es, denn die Serra de Sintra zieht Feuchtigkeit an. Wenn nicht gerade Hochsaison ist, ist der Platz recht einsam, auch verbreitet er ein wenig melancholische Stimmung, die sich aber nicht unangenehm auswirkt.

Hier schlagen wir nach dem Klosterbesuch unser Zelt auf. Außer uns ist niemand da. Auch das Büro ist nicht besetzt. In der Nähe finden wir ein kurz zuvor abgebranntes Waldstück mit verkohlten und umgestürzten Bäumen. Der Himmel weiß, warum wir ausgerechnet in der Dämmerung hier herumklettern müssen. Wir suchen ein »vorgeschichtliches Monument«, das hier niemand kennt, das wir aber auf einer alten Karte gesehen haben. Wir begegnen nur bizarren Fels-

brocken. Es dämmert schon ganz beträchtlich.
Weil der Wald abgebrannt ist, hat man einen
guten Überblick über die Nachbarhügel, die im
Halbdunkel mystisch aussehen. Auf einem der
Hügel, zum Meer hin, entdecken wir ein kleines
Gebäude. Das muß die *Peninha* sein. Ab und zu
Knarren, Windbrausen . . . Stille.

Die Peninha

Am nächsten Morgen besuchen wir die Peninha,
eine kleine, einsame Festung auf der Spitze eines
Berges am Rande der Serra de Sintra. Sie besteht
im wesentlichen aus einer Kapelle, ganz ausge- **Kapelle über**
kleidet mit blau-weißen Kacheln aus dem 18. Jahr- **dem Meer**
hundert und beherrscht von einer kleinen Ma-
donna mit Kind, beide sorgsam in strahlend weiße Kleidchen gehüllt. Ganz still und rein ist es
hier. Wir werden andächtig. Draußen heult der
Sturm. Man blickt auf den Atlantik, das Felsenkap
Cabo de Roca – den Westzipfel Europas –, die
Strände, das nur dreißig Kilometer von Sintra
entfernt liegende Lissabon. Im Hof des Wärter-
häuschens ist es windstill. Hunde dösen in der
Sonne. Grillen zirpen.

Monserrate: Der unglaubliche Traum
des verrückten Engländers

Der Park *Monserrate!* Ein Paradies für Romanti-
ker, mit leichten Verwitterungserscheinungen,
die seinen Reiz noch erhöhen. Ein kunstvoll am
Hang angelegter Dschungel einheimischer und
exotischer Bäume und Pflanzen, hier und da überragt von einer hohen, schlanken Palme. An einer
Glyzinienlaube machen wir Rast. Die Sonne
wärmt uns den Rücken. Rundum rauscht der

*Verrückter Traum:
Schloß Monserrate*

Wind in den alten Bäumen, raschelt hier wie in
Papier und braust dort wie ein breiter Sturm. Die
Fächer der Palmen wogen und tanzen. Zartblau ist
der Himmel, zartlila sind die hängenden Glyzi-
nientrauben, zartorange das Gemäuer der Laube.

Als der Palast Monserrate vor uns auftaucht,
trauen wir unseren Augen kam. Da hat ein verrückter Engländer – Francis Cook – sich einen
Traum aus Tausendundeiner Nacht erfüllt, ein
Mogulschlößchen, etwas Indisch-arabisch-Ro-
mantisches mit Säulen und Bögen und feiner
Steinschnitzerei (von 1856 bis 1965 erbaut). Von
der säulenbestandenen Terrasse aus schaut man
zu zwei dichtbewaldeten Hügeln und einem kahlen Berg mit eigentümlichen Felsformen hoch,
und zwischen der Brüstung der Terrasse und den
friedlich rauschenden Wäldern am Berg ragen
aus der Tiefe des Parks dunkle Baumriesen und
anmutige Palmen auf. Auf dem glattgeschorenen

englischen Rasen unterhalb der Terrasse darf man sich ausstrecken und die Sonne genießen. Wir betrachten eine große grüne Eidechse und vergessen die Zeit.

Dann gibt es einen Wasserfall mit kleinem Seerosenteich und hohem Schilfgras zu bestaunen. Rundum üppiger Wald, Efeu, Farn, weiße Lilien. Über alte Steinstufen gelangen wir zu einem aus groben Steinblöcken zusammengefügten Tor, das aussieht (aber nur aussieht), als stamme es aus grauer Vorzeit. Kleine Bäume mit rosaroten Blüten; Agaven und Fächerpalmen, Eiben und Efeu; dazwischen blüht der Fingerhut.

Sintra: Paläste, Törtchen und Makrobiotik

In und um Sintra steht ein Palast neben dem anderen, größere und kleinere, mit und ohne Efeubewuchs. Von manchen sieht man nur die prächtigen Tore. Auch die ganz gewöhnlichen Wohnhäuser sind in dieser Stadt der Mondgöttin – denn das ist Sintra, daran zweifle ich nicht – so schön, daß man sie allesamt malen möchte. Im übrigen gibt es hier wunderbare süße Quarktörtchen, *queijadas* genannt. Einheimische schleppen sie kiloweise in großen Zellophantüten aus den Konditoreien.

Die Stadt der Mondgöttin

Ein Tip am Rande: Zehn Autominuten von Sintra entfernt, in der *Quinta de São José* in *Aldeia Galega*, kann man bei Stefanie Hillenbrand und Paul Rosner ländlich und ruhig wohnen und makrobiotisch verpflegt werden. Makrobiotik und Meditation haben überhaupt Hochkonjunktur in dieser Gegend. Als am 16./17. August 1987 sich die Meditierenden der Welt an besonderen Plätzen versammelten, um sich auf Frieden und Hei-

lung der Erde zu konzentrieren, war Sintra dabei.
Bei Paul und Stefanie erfahren Sie auch, wer in der
Gegend guten *Miso* herstellt und wo man Yoga
üben kann.

Zu Sintra: *Sintra ist ein erhöhter Punkt in Portugal.
Nicht nur deshalb, weil die Stadt ein paar hundert
Meter hoch liegt und von Bergen umgeben ist, sondern
vielmehr deshalb, weil sie in geistigem Sinn eine Art
Höhepunkt des Landes darstellt. Die vielen prächtigen
Villen, Häuser und Paläste, die Schönheit und der
Reichtum der hier vom Menschen kultivierten Natur
sind nur Ausdruck dieser Tatsache.*
*Wichtiger Kraftplatz in Sintra ist der Felsen, auf
dem die Peninha steht. Ein anderer wichtiger Ort ist
der, auf dem die Maurenfestung errichtet wurde.*

Lissabon: Kraftzentren der Prachtstadt

Nur einen Katzensprung entfernt liegt Lissabon
(sprich: Lischboa): ein Kraftort für solche Reisende, die erst in der Atmosphäre einer Weltstadt
richtig aufblühen. Diese werden sich wie ich am
weitläufigen *Rossio*-Platz, in der verwinkelten *Al-
fama* – einem der ältesten Stadtviertel – und am
Hafen äußerst wohl fühlen. Wir fahren von Süden
in die Stadt hinein, am Meer entlang, an weißen
Stränden, am berühmten Turm von *Bélem*, Wahr-
zeichen der Stadt für heimkehrende Seefahrer,
und dem prunkvollen, mächtigen *Hieronimus-
Kloster* (Mosteiro dos Jerónimos).
    Durch steil ansteigende Gassen der Alfama
wandern wir hinauf zur alten Kathedrale, der *Sé
Patriarcal.* Sie wurde im 12. Jahrhundert an einem

Triumphbogen in Lissabon

Platz errichtet, an dem schon eine Moschee und davor eine frühchristliche Kirche gestanden hatten, und ist, wie mir scheint, das Kraftzentrum der Stadt. Wuchtige Romanik, außen hellbeige und innen zunächst sehr dunkel, da die Fenster des Kirchenschiffs zugemauert sind. Beim Chor fällt ein wenig Licht durch bunte Glasfenster. In einem Augenblick der Stille erleben wir die Atmosphäre trotz der kühlen Dunkelheit als warm, hell, schützend und kraftvoll. Ganz anders als in den hohen gotischen Kirchen, in denen man sich meist winzig und verloren fühlt (wenn man nicht gerade auf dem Platz des Priesters steht, wo man ein Gefühl von Macht und Inspiration bekommt). Die Menschen gehen andächtig herum, nicht laut

staunend wie in anderen bedeutenden Bauwerken. Es gibt auch nicht viel zu bestaunen. Diese
Kirche lebt mehr durch ihre Atmosphäre als durch
bauliche Besonderheit. In ihrem Taufbecken soll
übrigens 1195 der heilige Antonius von Padua, ein
gebürtiger Lissabonner, getauft worden sein.

Das Castelo São Jorge Dann sind wir wieder draußen im Sonnen-
schein und wandern über die gepflasterten und
stufenförmigen Gassen zur Burg hinauf. Im alten
Gemäuer des *Castelo São Jorge* ist es auch im Som-
mer angenehm kühl, weshalb die Innenhöfe und
Grünanlagen nicht nur von Touristen, sondern
vor allem auch von erholungsbedürftigen Stadt-
bewohnern aufgesucht werden. Von hier aus hat
man den besten Überblick über die Stadt, die
Tejomündung und den Hafen. Phantomhaft-ma-
lerisch fügt sich die leere Ruine der gotischen
Carmo-Kirche ins Stadtbild. In den Burghöfen
wohnen Enten, Hühner und Tauben, und grün-
schillernde Pfaue stolzieren herum.

Man sollte nicht versäumen, sich in die Mitte der
Ruine der alten gotischen *(Carmo-)*Kirche zu begeben. (Wir waren nicht dort.) Auch hier ist ein
wichtiges Kraftzentrum Lissabons. Die ganze
Hauptstadt ist ein Zentrum, in das all die (in der
Einleitung) genannten Einflüsse in besonders starkem Maß eingeflossen sind. Vieles ist zerstört,
vieles ausgebrannt, um immer wieder Raum für
Neues zu schaffen. Lissabon ist ein Umbruchplatz.
Man kann seine Luft, auch wenn sie abgasver-
seucht ist, ganz bewußt atmen, um sich gewahr zu
werden, wie hier Vergangenheit und Zukunft in
einzigartiger Weise aufeinandertreffen. Sehr gut
eignet sich hierfür das Zentrum der Unterstadt.

Die Gegend um Coimbra: Römer, Einsiedler und hohe Berge

Conimbriga: Von Römern und Kelten

Säulen und Mauerreste in warm leuchtendem Gelbbeige. Teiche und Mosaiken, Wasserspiele und Thermen. Dazwischen Olivenbäume, Pinien, Zypressen. Rundum Hügel; in Sichtweite, fernab, ein Kirchlein. *Conimbriga* ist eine alte Römersiedlung, von der das nahegelegene Coimbra den Namen übernommen hat. Conimbriga war zur Römerzeit eine schöne, große, wohlhabende Stadt mit dem Rang eines Oppidums und wichtiger Verkehrsknotenpunkt an der Handelsstraße, die Lissabon und *Braga* verband. Das Stadtgebiet ist dreieckig und insgesamt etwa 130 000 Quadratmeter groß. Seltsamerweise gibt es mitten in Conimbriga eine Stadtmauer, die vermutlich in großer Eile zu Verteidigungszwecken errichtet wurde.

Außerhalb dieses Gebiets stehen die Überreste eines besonders prächtigen Patrizierhauses mit einem säulenumstandenen Garten, in dem zwei große Becken mit einer Wasserspielanlage liegen. Die Anlage wurde restauriert und kann durch Knopfdruck vom Wärter des Platzes in Betrieb gesetzt werden. Dann erwachen etliche kleine

Fontänen inmitten der Säulen, Beete und Mosaiken plötzlich zum Leben. Auch Überreste anderer Häuser lassen annehmen, daß Wohlstand zum Lebensstil gehörte. Gebäude sind erkennbar, in deren Mitte sich ein Atrium befand, und Tempelreste. Es gab eine Therme mit Bädern verschiedener Temperaturen und einer zentralen Heiz- anlage. Thermen, Wasser und Bäder spielten in der römischen Kultur eine besondere Rolle. Wasser galt als heilig und heilend.

Stadt des Wohlstands und der Schönheit

Noch längst ist nicht alles freigelegt. Conimbriga ist die größte römische Ruinenstadt auf der gesamten iberischen Halbinsel und bietet wenigstens den Ansatz eines Einblicks in das Leben zur Römerzeit. Wenn man genügend Phantasie besitzt, kann man sich auf den erhaltenen Mauerresten und Fundamenten die kompletten Gebäude und Straßen vorstellen. So entsteht ein Eindruck, der zwar im heutigen Sinn städtisch ist – aber was für eine Schönheit im Vergleich zu unseren Städten! Welchen Wert müssen Ästhetik und Harmonie gehabt haben, wie wichtig muß das gewesen sein, was man dem Auge bot! Obendrein wurde vermutlich beim Bau der Stadt die natürliche Energiestruktur des Platzes berücksichtigt. Erkennbare Basis der Rahmenformen ist das Rechteck, anders als bei den Kelten und früheren Bevölkerungsgruppen, die zwar auch Rechteckiges bauten, bei denen aber Rund und Oval noch eine wichtige Rolle spielten.

Conimbriga, die keltischen Endsilben *briga* (= Hügel) lassen das erkennen, war zuvor eine – vermutlich befestigte – keltische oder keltiberische Siedlung, die von den Römern im zweiten oder ersten vorchristlichen Jahrhundert über-

*Römisches Ruinen-
feld Conimbriga*

nommen wurde. Kelten und Römer waren einander sehr fremd. Die Keltenforscherin Sills-Fuchs
nimmt an, daß die Römer ihre geistige Kraft der
sinnlich wahrnehmbaren Welt widmeten, während »den Kelten die Beweiskraft der Sinne nicht
die einzige war; sie hatten auch andere Wahrneh-
mungsfähigkeiten«.

Der Kampf gegen Rom

Die Römer besetzten zu Beginn des 3. Jahrhunderts vor Christus erst den Süden des heutigen
Portugal, um die Zeitenwende dann das gesamte
Land. Die einheimische Bevölkerung – Lusitanier
und Keltiberer – begrüßte die Legionen des Impe-
rium Romanum, zumindest teilweise, vermutlich
zunächst als Befreier von karthagischer Fremd-
herrschaft. Als die Römer das Land jedoch nicht
wieder räumen wollten, begann sich der Widerstand gegen sie zu formieren. Dabei wandten die

Lusitanier und Keltiberer die Technik des Partisanenkriegs an. Einer der erbittertsten Wider

Aus Befreiern standskämpfer war der lusitanische Schafhirte
wurden Besatzer Viriato, der ab 147 vor Christus eine große Anhängerschaft um sich scharte und den römischen Legionen schwere Niederlagen beibrachte. Er zerschlug eine ganze Armee und schaffte es, die Römer zu einem für sie unvorteilhaften Friedensabkommen zu zwingen. Diese allerdings scherten sich keinen Deut um die Vereinbarung und ließen Viriato hinterrücks ermorden. Das gleiche Schicksal ereilte einen von Rom abgefallenen römischen General, Sartorius, der den Lusitaniern erfolgreich beistand. Nach seinem Tod mußten Lusitanier und Keltiberer sich schließlich geschlagen geben.

Die Kelten: Schrecken der Römer

Die Kelten waren jahrhundertelang an vielen Fronten die gefürchtetsten Feinde Roms. Polybius vermerkte, daß die Römer sich daran gewöhnt hatten, von ihnen »zu Boden geschlagen« zu werden. Besonders Keltiberer und Lusitanier verteidigten ihr Land todesmutig. Die Lusitanier nennt der römische Historiker Strabo »das mächtigste der iberischen Völker, das von allen am längsten den Römern widerstand«. Und die Kelten wandten eine wirkungsvolle Kampftechnik an: Sie pflegten sich vor der Schlacht in einen rauschähnlichen Trancezustand zu versetzen, der ihnen jegliche Furcht nahm. Der Rausch überwältigte sie dermaßen, daß sie sich während des Kampfes oft die Kleider vom Leibe rissen und den Römern nackt und mit gräßlichem Gebrüll entgegenrannten. Überdies waren sie vergleichsweise riesen groß und stark, auch noch blond und blauäugig, was vielen Römern Angst einjagte.

Anfangs waren jene diesem Schrecken nicht gewachsen, mit der Zeit allerdings gewöhnten sie sich daran, und letztlich setzten sich ihre bessere Ausrüstung und Technik durch. So unterwarfen sie schließlich ganz Portugal und Spanien mit Ausnahme des Baskenlandes. Auf dem Gebiet des heutigen Portugal – das seinen Namen den Kelten/Galliern verdankt: *portu-cale*, gallischer Hafen – entstand die Provinz Lusitania. Latein wurde Landessprache und Grundlage des heutigen Portugiesisch.

Die gefürchteten Weiber der Kelten

Die Römer herrschten in Portugal von der Regierungszeit des Augustus an bis zu jener des Kaisers Konstantin. Unter letzterem wurden die Christenverfolgungen eingestellt und das Christentum Staatsreligion. Das Patriarchat – im Verlauf der römischen Geschichte als Gegenpol zur matriarchalischen Urordnung eingeführt – besiegte die letzten Reste mutterrechtlicher und matriarchalischer Ordnung in der besetzten Provinz. Denn matriarchalisch war das Land, zumindest ursprünglich, gewesen, wenn auch Keltiberer und Lusitanier bereits als männlich geprägte Gesellschaft in die offizielle Geschichtsschreibung eingingen.

Vom Matriarchat zum Patriarchat

Bei den Kelten jedoch muß auch noch in der Römerzeit die Frau eine bedeutende Rolle gespielt haben. Anscheinend riefen keltische Krieger sogar in brenzligen Kampfsituationen ihre Frauen zu Hilfe. Amianus Marcellinus behauptet, ganze Scharen römischer Soldaten seien nicht in

Furchtlose Kämpferinnen

der Lage gewesen, einem einzelnen Kelten zu widerstehen, wenn jener seine Frau als Kampfgefährtin zur Seite hätte. »Diese ist nämlich in der Regel blauäugig und ziemlich furchterregend, besonders, wenn ihre Nackenmuskeln anschwellen, wenn sie mit den Zähnen knirscht und ihre gewaltigen Arme entblößt. Teilt sie dabei dann auch noch Schläge und Fußtritte aus, so ist es, als ob von einem Katapult ebenso viele Pfeile abgeschossen würden« (zitiert nach Herm). Dieses Zitat bezieht sich zwar nicht auf die iberische Halbinsel. Aber allzu verschieden dürften die Gepflogenheiten hier nicht vom übrigen Keltenland gewesen sein.

Die Römer: Einzige Patriarchen weit und breit

Die Römer entrechteten und entmachteten die Frauen sowohl in Rom als auch in den Provinzen – zumindest theoretisch. In der Praxis soll das allerdings anders ausgesehen haben. Allzu schnell war die Macht der Frau nicht zu brechen. Auch in der patriarchalischen Hauptstadt des Imperiums blieb sie lange Zeit hindurch noch *domina*, Herrin.

Sir Galahad (das Pseudonym der österreichischen Schriftstellerin Bertha Eckstein-Diener, 1874–1948) berichtet in ihrem erfrischenden und originellen Buch »Mütter und Amazonen«: »Keinen Augenblick haben die Römer sich, ihren Mitmännern oder gar den Frauen weiszumachen versucht, Männerherrschaft und Vaterrecht seien eine gottgewollte oder gar naturgegebene Lebensform. So gockelhaft verblendet taten sie nie-

mals, denn ihr Genie war das der Nüchternheit.
Nein, die Römer betonten stets das Abnorme ihrer
Art und hielten sich für das überhaupt einzige
Paternitätsvolk, die Weltausnahme schlechthin.«

Die römische Gesellschaft

Die römische Gesellschaftsordnung – mit Vaterrecht und Sklavenhaltersystem, mit ausgepräg-
tem Handel und Straßenbau sowie der Ein- führung von Geld – prägte Portugal wie fast alle
besetzten Länder tief und nachhaltig. Hatten die
Keltiberer Strabo zufolge noch einen anonymen   **Keltische und**
Gott verehrt, der »offenbar den Mond darstellte«   **römische**
(tatsächlich fanden die Kelten es ausgesprochen   **Gottheiten**
komisch, daß man, wie Griechen und Römer es
taten, Gott in menschlicher Gestalt anbeten konnte), so verschwand diese urmütterliche Gottheit
nun im Untergrund, überstrahlt von der Sonne
männlich-römischer Kulte (darunter der aus Persien stammende Mithras-Kult oder der Sol-Invic-
tus-Kult, dem Konstantin anhing; beide weisen
große Ähnlichkeiten mit dem Christus-Mythos
auf), und endeten schließlich im patriarchalisch
interpretierten Christentum.

Das Ende Conimbrigas

Rund sechshundert Jahre lang herrschten die Römer in Portugal. In Conimbriga verlief das Leben
einige Jahrhunderte lang anscheinend ziemlich
ruhig. Einzelheiten aus dieser Zeit überliefert uns
die Geschichtsschreibung nicht. Die bereits erwähnte Verteidigungsmauer im Stadtgebiet entstand vermutlich im 3. Jahrhundert nach Chri-

*Mosaik
in Conimbriga*

stus, als die ersten Barbarenstämme aus dem
Osten über Lusitanien herfielen.

Im Jahr 464 drangen Sueben in Conimbriga ein,
plünderten ein Anwesen und verschleppten die
dazugehörige Familie. Ein paar Jahre später über-
flutete der Strom der großen Völkerwanderung
die Stadt, die zum Teil zerstört wurde. Das Land
fiel unter die Herrschaft der kurz zuvor zum arianischen Christentum übergetretenen Westgoten
(die korrekter »Wisigoten« heißen). Einige Funk-
tionen Conimbrigas gingen im folgenden auf das
nahegelegene *Aeminium* über, das sich später in
»Coimbra« verwandelte und Bischofssitz wurde.

In den nachfolgenden Jahrhunderten wurde
Conimbriga als Steinbruch mißbraucht. Erst seit
Ende des vorigen Jahrhunderts wird systematisch
ausgegraben und restauriert. Beim Ruinenfeld
gibt es ein Museum mit Büsten, Grab- und Votiv-
steinen und einem Stein mit der Inschrift »Dem
Genius von Conimbriga«, der auf dem Forum
gefunden wurde.

Die Atmosphäre der Ruinenstadt ist trotz ihrer
bewegten Geschichte angenehm und harmonisch. Eine gute Zeit für die Besichtigung sind
später Nachmittag und früher Abend, wenn die
Sonne warm und mild leuchtet und der Wind
friedlich rauscht. Im Vorhof des Museums stehen
Grapefruitbäume, die gerade blühen, als wir Conimbriga besuchen. Ihre dicken weißen Blüten
verströmen einen betörenden Duft.

Weitere Römerruinen: in Milréu bei Estói, in
Pisões bei Braga; auf der Halbinsel *Troia* bei *Sétu-*
bal und der sogenannte Dianatempel in Évora.

Penacova und der Weg nach Buçaco

Wer in *Penacova* Kaffee trinken möchte, hat eine
schwere Entscheidung zu treffen: zwischen dem
Café am lebhaften Rathausplatz, von dessen Ter-
rasse sich das dörfliche Geschehen auf dem Platz   **Dörfliches Leben**
beobachten läßt, und dem »Café Turismo« mit   **und grandioser**
seinem herrlichen Ausblick über Fluß und Berge.   **Ausblick**
Penacova, hoch über dem *Rio Mondego* gelegen,
ist ein ganz und gar unbedeutendes Städtchen.
Dennoch möchten wir hier am liebsten bleiben.
Ein Kirchlein, ein paar Platanen und Palmen, ein

paar Häuser und Geschäfte und eben jener Panoramablick. Alle Welt spricht französisch. (Viele Portugiesen aus den nördlichen Provinzen haben in Frankreich gearbeitet.) Rund um das Städtchen, in den Bergen verborgen, liegen eine ganze Reihe von Wallfahrtskapellen verstreut.

Wir sind auf der Durchfahrt, von Coimbra kommend. Unser Ziel ist der geheimnisvolle Wald von *Buçaco* bei *Luso*. (Das vorzügliche »stille Wasser« von Luso wird in ganz Portugal getrunken.) In Serpentinen führt die Straße durch Eukalyptus- und Pinienwälder. Eukalyptus wird in Portugal in großen Mengen von der Zellstoffindustrie angepflanzt, weil die Bäume sehr schnellwüchsig sind. Leider brauchen sie zuviel Grundwasser und sind überhaupt der Umwelt in diesem Land äußerst abträglich. Wenn Sie einen Eukalyptuswald betreten, werden Sie feststellen, daß fast nichts darin lebt und wächst – außer eben Eukalyptus.

Terrassenfelder am Hang. Berge, grün und blau gestaffelt. Die Schlaglöcher häufen sich. Nach mühsamer Fahrt auf einer Strecke, die ich nur Menschen mit sehr soliden Fahrzeugen empfehlen kann, gelangen wir zum *Cruz Alta*, dem mit 547 Metern höchsten Punkt des Buçaco-Mittelgebirges. Schon wegen des Ausblicks hat sich die Fahrt gelohnt: Es bietet sich eine weite Fernsicht über Berge und Wälder.

Die Serra da Estrela: Hier schneit es im Winter
Im Osten schaut man auf die Bergkette der Serra da Estrela, das höchste Gebirge Portugals. Die Serra ist schroff, karstig, wild, voller bizarr gezackter Steine und kleiner Stauseen. Im Winter fällt Schnee. Der höchste Gipfel ist der *Torre* mit fast

zweitausend Metern. Inmitten des Gebirges gibt es
ein Marienheiligtum, *Nossa Senhora da Boa Estrela*,
das in die Granitfelsen eingemauert wurde (Auskünfte im Fremdenverkehrsamt von *Guarda*).

Interessant ist übrigens die Bezeichnung dieser
Serra, »Sternengebirge«. Louis Charpentier erzählt in »Magisch Reisen: Spanien« von zwei
alten Sternenwegen: Pilgerstraßen, die auf nörd-
licheren Breitengraden vom Mittelmeer zum Atlantik führen und an denen viele Ortsnamen zu
finden sind, in denen das Wort »Stern« vorkommt. Sollte es weiter südlich dieser beiden
nach *Santiago de Compostela* führenden Strecken
noch einen dritten Sternenweg geben?

Einsiedler im Wald von Buçaco
Aus dem Wald unterhalb unseres Aussichts-
punkts am Cruz Alta ragt der Turm des Sommer-
schlosses auf, das im Nationalpark Buçaco steht.

Schloß Buçaco

*Kapelle im Wald
von Buçaco*

Über uralte, ausgetretene Steintreppen führt der Weg vom Cruz Alta hinunter durch einen stillen Wald zu einer alten Einsiedelei, einem zinnenbesetzten kleinen Bau, von dessen Türmchen man über Berge und Täler und das Städtchen Luso mit seinen hellroten Ziegeldächern schaut und das Sommerschloß zur Gänze betrachten kann. Die Einsiedelei selbst ist in den Fels gebaut: winzige Kämmerchen, ein winziger Andachtsraum. Rundum uralte Bäume. Viel Efeu. Vögel zwitschern.

Die ersten Eremiten lebten hier schon im 6. Jahrhundert. Es waren Mönche aus dem nahegelegenen *Lorvão*. (Ihr einstiges Mutterkloster dort ist heute eine psychiatrische Klinik.) Im 11. Jahrhundert ging die Einsiedelei samt Wald in den bischöflichen Besitz von Coimbra über. Karmelitermönche gründeten im frühen 17. Jahrhundert

in der Mitte dieses Waldes ein Kloster und um-
grenzten den Forst mit einer fast sechs Kilometer
langen Mauer. Sie errichteten auf ihrem Grund
und Boden zahlreiche Kapellen, Einsiedeleien
und einen Kreuzweg, dessen Stationskapellen
voller lebensgroßer, bleicher Skulpturen sind. Die **Exotische Bäume**
Mönche pflanzten eine Reihe verschiedenster **aus Übersee**
exotischer Bäume an, deren Samen und Stecklin-
ge ihnen von Seeleuten aus Übersee mitgebracht
wurden. So hat es sich ergeben, daß der Wald von
Buçaco, der bald zum Naturschutzgebiet erklärt
wurde, heute neben rund vierhundert einheimischen auch etwa dreihundert exotische Baum-
und Pflanzensorten enthält: viele Zedern, mächtige Zypressen, Platanen, Steineichen, Ginkgos,
Mammutbäume, Erlen und Ulmen . . .

Für Frauen verboten: Der Wald der Mönche
Frauen hatten keinen Zutritt zu jenem heiligen
Wald. 1662 war ihnen durch Papst Gregor XV. das
Betreten des Waldes untersagt worden. Später
stellte Papst Urban VIII. das Fällen oder Beschä-
digen von Bäumen in diesem Wald unter Strafe
(der Exkommunikation). An einem der Tore der
Umfassungsmauer, der *Porta de Coimbra,* finden
Sie diese päpstlichen Erlasse auf Marmortafeln.
1887 wurde für König Carlos auf einer Lichtung ein Sommerschloß gebaut, das jedoch nach
Abschaffung der Monarchie nie als solches ver-
wendet und schon zu Beginn unseres Jahrhunderts zu einem Luxushotel umfunktioniert wurde. Der neomanuelinische Bau hat nicht allzuviel
Charme, ist gar zu üppig dekoriert. An den Au-
ßenwänden fallen beeindruckende Azulejo-Ge-
mälde ins Auge. Im Hoteleingang hängt ein Por-

Kacheln und manue-
linische Säulen
am Buçaco-Schloß

trät Heinrichs des Seefahrers. Er ist allgegenwär-
tig in Portugal.

Bestandteil des Hoteltrakts ist eine alte Kapelle,
in der Wellington im Jahr 1810 eine Nacht verbrachte. An diesen Aufenthalt erinnert eine Tafel
im Eingang der Kapelle (die einst zu dem Karme-
literkloster gehörte). Ihr Text umfaßt fünfzehn
Zeilen, von denen allein zehn Wellingtons Namen samt Titeln gewidmet sind.

Jene Nacht war von großer Wichtigkeit für Portugal. Der Duke muß gut geschlafen haben. Am
darauffolgenden Tag nämlich schlug er an der
Spitze der vereinigten englisch-portugiesischen
Heere die napoleonischen Franzosen und zwang
sie, Portugal zu verlassen. Zum Dank erhielt der
Retter des Landes zur ohnehin schon langen Liste

Rechts:
Ehemalige Kloster-
kapelle Buçaco

seiner Auszeichnungen etliche Titel, darunter den
eines Marquis, eines Grafen, eines Herzogs und
eines Marschalls, hinzu.

Buçaco: Schloß und Park

Im kühlen Säulengang am Schloß sitzen und durch die prunkvollen weißen Säulen – jede anders gemeißelt und gewunden – auf den leuchtendgrünen Wald schauen . . . Der Duft der nahen **Glyzinien, Calla und Farnbäume** Glyzinienlaube! Im Garten Teiche und Lauben und weißblühende Calla. Einige Wege sind mit Farnbäumen gesäumt, die – das erzählt uns ein weitgereistes englisches Ehepaar – sonst nur in Südafrika wachsen. Im Schloßpark ein Wasserfall, der sich über zehn Treppen zu je fünfzehn Stufen ergießt, kleine Kaskaden und Stauabsätze bildend. Er führt zu einem Teich hinunter, der von Farnbäumen, weißen Calla und Lilien umgeben ist und von einem schwarzen Schwan bewohnt wird.

Überall im Park finden wir alte Kapellen, Einsiedeleien, steinerne Bänke zum Verweilen – und Quellen, viele uralte, überwachsene Brunnenhäuschen. Gepflasterte Wege. Das Sonnenlicht fällt filigran gefiltert durch die verschiedenartigsten Blattstrukturen. Sanft rauscht der Wind.

Beim Zurückgehen entdecken wir eine verborgene Höhle, umgeben von einem kleinen Dschungel aus Pflanzen und Blumen, in dem es violett blüht. Lorbeerbäume, Schlingpflanzen, Rosen, Fichten, Nadelbäume aus dem Himalaja und aus Australien. Dazwischen Gräser und Blumen. Auf dem Rückweg zum Cruz Alta hinauf verändert sich die Vegetation. Knorrige Olivenbäume beherrschen die Szenerie, und die Eichen und Korkeichen wachsen hier niedriger und breiter, als hätten sie sich den Olivenbäumen angepaßt.

Bei Tabuaço in den Montanhas: Ein christlich-keltisches Heiligtum

Der Weg durch die Beira Alta

Durch die blühende *Beira Alta* fahren wir nach *Tabuaço*. Die Bergregion der Beira Alta wird als Portugals Fundament bezeichnet, als »schwerer und sicherer Anker, der Portugal fest mit der Erde verbindet« (Faber). In dieser Gegend hat der lusitanische Schafhirte Viriato vierzehn Jahre lang gegen die Römer gekämpft. Die Straße führt durch alte Dörfer mit Getreidefeldern, durch Wiesen und Obstbäume, dazwischen runde Felsblökke, manche kahl, manche mit dichtem Gestrüpp bewachsen. Alles blüht jetzt weiß und gelb. Baumreihen säumen die Straße. *Vila da Rua*, ein mittelalterliches Dorf mit einem steinernen *Pelorinho* – einem Schandpfahl – und winzigen Häuschen. Grüne, fruchtbare Hügellandschaft. Streckenweise, dicht an dicht, kleine Felder, Kiefernwälder, Wein. Steinerne Kreuze am Wegrand. Das Getreide steht in blassem Aprilgrün. Hinter *Trancoso* biegen wir auf die Straße Nummer 226 ab in eine Allee aus Platanen und Kiefern. Die Straße wendet sich dem *Rio Cavora* zu, einem Dourozufluß tief unten im Tal, windet sich in Serpentinen hinunter durch dicke, graugrüne

»Der Anker Portugals«

*Schandpfahl
in Vila da Rua*

Berge, vorbei an Dörfern, die in die Hänge gebaut
sind.

Als es dunkel wird, nähern wir uns endlich
unserem Ziel. Es ist ein Kirchlein bei *Barcos* in der
Nähe von Tabuaço, schwer zu finden und in keinem Führer verzeichnet: das *Santuario Nossa
Senhora do Sabroso*. Das Hinweisschild an der Straße ist etwas irreführend angebracht: Man muß
nicht die Straße nehmen, die nach links hinauf-,
sondern die, die nach rechts hinunterführt.
Schließlich fahren wir in der Abenddämmerung

einen einsamen Berg hinauf durch einen Pinienwald. Das Heiligtum liegt weitab von jeder Siedlung in wildem Bergland. Wir stellen den Wagen
vor einer Mauer ab. Der Kuckuck ruft, als wir
durch ein großes Tor den Park betreten, der vor
nicht allzulanger Zeit um das Kirchlein herum
angelegt und ummauert wurde. Gleich rechts
hinter dem Tor steht eine sehr kleine und offensichtlich uralte frühromanische Kirche, die eine
der ältesten Portugals sein soll. An ihrer Stelle
befand sich zuvor ein keltischer Kultplatz. Die
Einheimischen behaupten, daß die Kirche in der
Zeit der Maurenherrschaft von Christen heimlich
innerhalb einer einzigen Nacht errichtet wurde.
Diese Geschichte ist nicht ganz plausibel, da die
Christen in der Maurenzeit durchaus ganz offiziell ihre Gotteshäuser bauen durften und dies
auch an vielen Orten in Portugal taten. Aber vielleicht galt das nicht immer und nicht überall.

Ein Heiligtum in der Wildnis:
Nossa Senhora do Sabroso

Das Kirchlein ist aus sehr einfachen großen Qua-
dern geformt, hat ein kleines Glockentürmchen,
einen schlichten Rundbogen über der Eingangstür und vor dem Eingang eine kleine Mauer. Der
Eingang, hatte mir jemand erzählt, solle ein kelti-
sches Mandala darstellen; das können wir nicht
erkennen. In die Steinblöcke, die das Mäuerchen
bilden, sind Kreuze eingehauen; in einen Stein ist
ein Kreis mit einem gleichschenkligen Kreuz darin eingeritzt. Später finde ich in einem alten Buch
genau dieses Symbol als eine der Formen des
Sonnenradkreuzes, das in Indien Swastika heißt,
was soviel wie Glückszeichen bedeutet. In China

**Eine der ältesten
Kirchen Portugals**

steht es für Glück und langes Leben. In Europa fand man es bereits auf Steinen, die aus der Jungsteinzeit stammen.

Ganz offensichtlich ist dies ein uralter heiliger Platz. Er strahlt eine starke Atmosphäre von Frieden aus. Rundum an den Mauern, die den Park begrenzen, stehen Bänke. Eine Freiluftkanzel ist vor kurzem errichtet worden. Hier feiert das einige Kilometer entfernte Dorf Barcos seine Feste; dann hält der Pfarrer draußen seine Predigt und zelebriert die Messe.

Die Kirche steht auf nacktem Lehmboden, in den einige gewaltige, grob behauene und sehr alte Grabplatten eingelassen sind. Der Innenraum ist sehr einfach und schön gemauert. Es gibt eine steinerne Kanzel mit einem Holzaufsatz, ein steinernes Taufbecken, kleine Nischen, und durch

Nossa Senhora do Sabroso bei Tabuaço

einen Rundbogen gelangt man in den Altarraum.
Durch ein winziges Fenster fällt spärliches Licht
in das ansonsten dunkle Innere. Der Altar ist weit
jünger als die Kirche; ihn ziert ein hölzernes Trip-
tychon, über und über mit Stoffblumen ge-
schmückt. Die Atmosphäre hier ist friedlich und   **Friedliche und**
kraftvoll. Wir sind ganz allein. Die Eingangstür   **kraftvolle**
war verschlossen, aber wir haben ein Seitentür-   **Atmosphäre**
chen offen vorgefunden. (Zuständig für die Besichtigung ist ansonsten die Pfarrei von Barcos.)

Ich spaziere um die Kirche herum. An der Au-
ßenwand stehen etliche flache Steinplatten mit
uralten, nicht mehr gut erkennbaren Zeichen.
Rundum blühende Kastanienbäume. Wolken
sind aufgezogen, ein heftiger Wind weht. Nach
Osten blickt man auf die kleinen, terrassenförmig
angelegten Felder an den Hängen, und in der
Ferne verlieren sich Berge im blauen Dämmer-
schein. Es riecht nach Wildkräutern.

Auf dieser Seite des Berges stand in alten Zeiten eine Stadt oder eine Ansiedlung, von der noch
etliche Mauerreste zu sehen sind, vermutlich aus
keltischer beziehungsweise keltiberischer Zeit. Es
sieht so aus, als ob hier noch eine Menge ausgegraben werden könnte. Horst träumt in der
Nacht, daß oberhalb der ehemaligen Siedlung
noch eine weitere existiert. Tatsächlich finden wir
am nächsten Morgen östlich des Geländes und
etwas höher gelegen etliche Reste uralter Mauern.

Die Kelten und das Christentum

Viele christliche Kirchen wurden über keltischen
Kultstätten errichtet. Nicht immer besteht in dieser Hinsicht völlige Klarheit. Hier aber weiß man
es und fühlt es geradezu. Die Kelten hinterließen

im allgemeinen keine baulichen Monumente, da dies nicht ihrer Philosophie und Lebensauffassung entsprach, ebensowenig wie übrigens das Schreiben. Sie bevorzugten mit voller Absicht die mündliche Überlieferung. Ihr Weltbild war dynamisch, fließend, beweglich, und ihr Sinn stand nicht danach, Statisches und Bleibendes zu schaffen. So gibt es wenig authentische Überlieferung aus der keltischen Zeit – mit Ausnahme der Münzen, die sie prägten und mit sehr aussagekräftigen Symbolen versahen, welche erst in neuerer Zeit entschlüsselt wurden (vor allem von Lancelot Lengyel). Diese Münzen fungierten jahrhundertelang, von der atlantischen Küste Portugals bis zur Donaumündung, als Kommunikationsmittel und Verbindungsglied im gesamten Keltenland. Die Römer verboten sie dann, was zum Verfall der keltischen Kultur beitrug.

Weltbild und Religion der Kelten

Was man mit einiger Sicherheit weiß, ist, daß die Kelten eine universale Gottheit verehrten, die nicht menschenähnlich war, und daneben etliche – pankeltische – Himmelsgötter, aber auch eine Reihe lokaler, ja Hausgötter, mit denen ein sehr vertrauter und familiärer Umgang gepflegt wurde. Diese finden heute ihre lebendige Entsprechung in den katholischen Heiligen, die sich gerade in Portugal großer Beliebtheit erfreuen und die ebenso in das Familienleben einbezogen werden wie einst die Götter. Ihre Figuren werden sogar ärgerlich in eine Ecke verbannt, wenn sie eine Bitte nicht erfüllt haben.

Im übrigen hat man herausgefunden, daß die Kelten an eine fortlaufende Wiedergeburt glaubten, daß sie die Schöpfung als ewig wandelbar und dynamisch betrachteten, daß sie keine reli-

giöse Moralvorstellung, kein Dogma und keine
festgeschriebenen Riten kannten und äußerst eng
mit der Natur verbunden waren. Das Lebendige
war ihnen heilig, und die übersinnliche Existenz
war ihnen Realität. Die »andere Welt« durch-
drang alles. Die große keltische Erdmuttergöttin
fand im Christentum als Maria ihre Reinkarna-
tion, und ebenso wie dieses Kirchlein Nossa
Senhora do Sabroso sind viele frühere keltische
Kultstätten heute Marienwallfahrtsorte. So lebt
letztlich ganz unscheinbar und doch offenkundig
vieles aus der keltischen Zeit in der christlichen
Ära fort.

Besonders Frauen hingen in den ersten christ-   **Die alten Riten**
lichen Jahrhunderten der alten Religion und den   **und die Frauen**
Riten ihrer Göttin an. Sie behielten diese sogar
noch bei, als sie schon ihren Sinngehalt verloren
hatten und ihre Bedeutung vergessen war. Der
heilige Martin von Braga ging mit den Frauen
deswegen auch hart ins Gericht: »Das Schmücken
von Tischen, das Tragen von Lorbeer, das Omen-
lesen aus Fußabdrücken, das Stellen von Früchten
und Wein auf die Feuerstelle und des Brotes in
den Brunnen – was ist das anderes als Teufels-
anbetung?« (zitiert nach B. Walker)

Barbara Walker berichtet auch von einer keltischen Göttin namens Brigit, die als heilige Brigitta
in der katholischen Kirche wiederauferstand und
deren Reich Brigantia einst die ganze iberische
Halbinsel umschloß.

Mit Hilfe dieser lebendigen Brücken konnte
das Christentum schließlich von den Kelten übernommen werden, obwohl es seinem Wesen nach
– jedenfalls so, wie die Kirche es vermittelte – dem
keltischen Weltbild völlig fremd war, da es die

Vorstellung von einem statischen und moralischen, endlichen und manifesten Universum be-
inhaltete.

Astrologisches zu Kelten und Christen

Interessant in diesem Zusammenhang sind die
astrologischen Zusammenhänge. Martha Sills-
Fuchs weist darauf hin: Als zwischen 5000 und
4000 vor Christus die große Völkerwanderung begann, in deren Verlauf die Kelten ihre ursprüngli-
che Heimat – Steppen vor dem Ural – verließen,
durchlief die Sonne das Tierkreiszeichen des
Stiers. Und die Kelten verehrten neben der göttli-
chen Allmutter eine Gottheit, die sie mit einem
Stierkopf darstellten. Zur gleichen Zeit hatte in
Ägypten und auf Kreta der Stierkult seine Blüte-
zeit, und das Volk Israel tanzte ums Goldene Kalb.

Stier- und   Es ist denkbar, daß der Stierkult auf der iberi-
Widderzeitalter schen Halbinsel (auch in Portugal gibt es den
Stierkampf, allerdings in einer unblutigeren Vari-
ante, der *Tourada*) von den Kelten eingeführt wurde. Von den iberischen Kelten jedenfalls weiß
man, daß sie den Stiergott verehrten. Vielleicht
taten es auch schon ihre Vorgänger. Dem Stierkult
folgte im Widderzeitalter der Widderkult, und
mit der Einwanderung neuer Keltenstämme entstanden Spannungen zwischen den Vertretern
beider Religionsformen. Möglicherweise läßt sich
darauf die kultische Schlachtung des Stieres zu-
rückführen. Die Kelten wurden ein Widdervolk.

Mich würde es nicht wundern, wenn genau in
dieser Zeit des Übergangs zwischen Stier- und
Widderzeitalter sich auch bei den Kelten der
Übergang von der matriarchalischen Gesellschaft
mit Muttersippe, Mutterrecht und dergleichen zu

Das Sabroso-Kirch-
lein mit Grabplatten

einer mehr patriarchalisch orientierten Gesellschaft vollzog.

Das Christentum entstand dann zu Beginn des
Fischezeitalters; nun mußte der Widder sterben.
Tatsächlich wurde im frühen Christentum oft
symbolisch ein Lamm geschlachtet, auch Gleich-
nisse weisen darauf hin, und Jesus selbst bezeich-
nete sich als Opferlamm.

Nossa Senhora do Sabroso:
Das Gold der Mauren

Nach den Kelten kamen Römer in dieses abgele-
gene Bergland, und später Mauren. Die Legende
erzählt, daß ein Felsblock in der Nähe des Heilig-
tums Nossa Senhora do Sabroso (oberhalb und
westlich von der etwas höher gelegenen kleinen
Kapelle) einst dem örtlichen Maurenbefehlshaber
als Sitz gedient habe, von dem aus er das An- und
Abrücken seiner Armee beobachten konnte. Die
Einheimischen behaupten auch, daß die Mauren,

nachdem sie sich in diesem Gebiet von christlichen Streitkräften umzingelt sahen, unterirdische Gänge in den Berg trieben; in einem von ihnen soll es eine Höhle geben, in der sie ihr Gold versteckten. Bis jetzt hat sie noch niemand gefunden.

Innerhalb des ummauerten Geländes, welches die Kirche umgibt, herrscht Frieden, Stille, Erhabenheit. Außerhalb der schützenden Mauern schlägt die Stimmung abrupt um. Die Natur erscheint hier gewaltig und wild durch die bizarre Form der Felsblöcke, zwischen denen Pinien wachsen, und bietet großartige Ausblicke auf die Berglandschaft rundum und herrliche Sonnenunter- und -aufgänge.

Das Heiligtum und die bösen Gedanken
In der Kirche selbst widerfährt mir allerdings etwas sehr Negatives. Ich habe mich kaum fünf Minuten auf dem Lehmboden niedergelassen und die Augen geschlossen, als ich den Raum auch schon wieder fluchtartig verlassen muß. Mich hat aus heiterem Himmel ein Gefühl von abgrundtiefer Schlechtigkeit befallen, das so stark ist, daß ich glaube, die geweihte Stätte mit meinen häßlichen Gedanken zu vergiften. Erst viel später und im Zusammenhang mit einem ähnlichen Erlebnis in *Braga,* von dem ich noch berichten werde, geht mir auf, daß diese Gedanken von »Schlechtigkeit« und »Sünde« nicht in mir entstanden sind, sondern sich in der Kirche auf mich übertragen haben. (Natürlich muß man dafür empfänglich sein. Wenn sich das eigene Innere blütenweiß und giftfrei präsentiert, ist man gegen derlei immun. In einem solchen Zustand ist ein normaler Mensch jedoch selten. Deshalb berichte

ich über diese Erlebnisse, damit Sie gewarnt und
vorbereitet sind, wenn Sie alte Gemäuer betreten,
die möglicherweise noch mit mittelalterlichen
Gedankenstrukturen behaftet sind.)

Eine Nacht in der Wildnis

Im Freien dann ist alles bald wie weggeblasen.
Vor dem Tor des Parks finden wir eine Feuerstelle. Zwei junge Pfadfinder aus Barcos, die uns am
Abend mit ihren lärmenden Mopeds besuchen,
helfen uns, Feuer zu machen. Sie weisen uns darauf hin, daß man als Tourist die vielen Feuerstel-
len der Gegend möglichst nicht benutzen soll; sie
sind für einheimische und sachkundige Pfadfinder da. Als Reisender, der sich nicht allzugut in
der Kunst des Feuermachens auskennt, läßt man
besser die Finger davon, denn große Waldstücke
sind in dieser Gegend bereits abgebrannt. Die
beiden erzählen uns, daß es hier noch Wölfe gebe;
gerade eben, auf der Herfahrt, haben sie zwei
gesehen. Auch mit dem Zelten muß man also sehr
vorsichtig sein, zumal es ja offiziell verboten ist.

Von Wölfen und Waldbränden

Die Jungen sind voller Eifer. Sie zeigen uns
Fotos ihrer Verlobten, erzählen von ihrer Familie.
Der eine möchte Polizist werden, der andere
Händler wie sein Vater. Sie machen Feuer für uns,
zeigen uns, wo es Wasser gibt, holen Zigaretten
und Getränke aus dem Dorf, lehnen es ab, an
unserem selbstgekochten Mahl teilzunehmen
und sind beeindruckend höflich und ritterlich.
Als sie uns am späten Abend verlassen, schichten
sie noch einmal Holz auf, damit die Glut die ganze
Nacht hindurch erhalten bleibt, um eventuelle
Wölfe abzuschrecken.

Die Nacht ist ruhig. Ich ziehe im Geist dicke

Lagen von Schutzkreisen um unser Zelt. Der Kuk-
kuck ruft fast ununterbrochen. Eulen gibt es hier
und Wildschweine, Wölfe und womöglich Geister. Irgendwann schleicht ein großes Tier um das
Zelt herum. Ansonsten schlafen wir tief und fest.

Ein Ort völliger Entspannung

Am Osthang genießen wir morgens, von großen Felsblöcken vor dem Wind geschützt, den
Sonnenaufgang. Es ist kühl und windig geworden, der Himmel hat sich ganz zugezogen. Der
Wind ist kalt. Und doch halten uns Friede und
Zauber dieses magischen Ortes fest. Den ganzen
folgenden Tag über sind wir beide sehr kraft- und
lustlos, aber völlig entspannt, gelöst und gleich-
mütig, ähnlich wie nach einer Sauna und Massa-
ge. Möglicherweise hat dies mit der speziellen
Kraft dieses Platzes zu tun.

Amarante und São Gonçalo

Über Barcos und Tabuaço fahren wir in das Dourotal hinunter und am Fluß entlang über *Peso da
Regua* in Richtung *Amarante*. Breit, grün und ruhig
fließt der *Douro* durch die runden, buckligen Berge der Beira. Manche von ihnen sind von oben bis
unten mit terrassenförmigen Weinfeldern bedeckt. Die Straße führt in einem schmalen grünen
Tal am Flußlauf entlang. Am Straßenrand kaufen
wir ein Pfund hellrote, süße Kirschen.

Wenn man nach Amarante kommt, sieht man
als erstes einen Fluß, eine schöngeschwungene
alte Brücke und eine Kirche. Ein Bild von mär-
chenhafter Anmut. Die Kirche von Amarante ist
dem Stadtheiligen Gonçalo gewidmet, und die
Brücke trägt eine Statue von São Gonçalo. Jener,
ein echter Volksheiliger, soll unfruchtbaren Frau-
en zu Kindersegen und Unverheirateten zu Ehe-

*Dourotal mit
Terrassenfeldern*

partnern verhelfen. Angeblich tanzen noch heute die Frauen zum eigentlichen Fest Gonçalos am ersten Juniwochenende in der Kirche oder reiben sich nackt an den Beinen seiner Statue. Aber das ist wohl nur ein Gerücht. Der Heilige wird mit phallusförmigem Gebäck verehrt, das beim Stadtfest verzehrt wird: einer der vielen heidnischen Bräuche, die sich unter einem christlichen Deckmäntelchen gehalten haben. (Ebenso wie die Segnung von Viehherden in der Kirche oder ein Bad im Meer bei *São Bartolomeu do Mar*, das vor Stottern und Epilepsie schützen soll.)

Der Heilige, der Frauen glücklich macht

Gonçalo, der in einem Dorf im *Minho* geboren wurde, war Mönch – zunächst Benediktiner, später Dominikaner, weswegen sich die beiden Orden später nach der Heiligsprechung um ihn strit-

Der populärste Heilige Portugals

ten. Der Papst entschied zugunsten der Dominikaner. Gonçalo fiel bei seiner Arbeit in der geistlichen Akademie des erzbischöflichen Palastes von Braga durch Charakter, Fleiß, Hingabe und Mildtätigkeit auf. Sein Leitspruch war: »Das Feuer sagt niemals: genug!« Später ging er als Pilger auf Reisen: nach Santiago de Compostela, nach Rom, nach Palästina. Sein Neffe, den er für die Zeit seiner Abwesenheit als Stellvertreter eingesetzt hatte, behauptete bald, sein Onkel sei nicht mehr am Leben, um dessen Besitz und Stellung zu übernehmen. Gonçalo kehrte nach Jahren krank, müde und bettelarm nach Braga zurück. Enttäuscht über den Verrat des Neffen beschloß er, Eremit zu werden. Er zog in eine Höhle am *Tamega*-Fluß, dorthin, wo heute Amarante liegt, und weihte sie der Jungfrau Maria. Das fleißige Arbeiten gab er allerdings nicht auf. Er richtete die alte Römerbrücke, die damals in Trümmern lag, wieder auf. Während dieser Bauzeit geschahen Wunder. Gonçalo lebte in seiner Grotte bis zu seinem Tod im Jahr 1228. Neben dem heiligen Antonius von Padua, der aus Lissabon stammt, ist er der populärste Heilige Portugals.

In Volksliedern wird seine heiratsvermittelnde und fruchtbarkeitsfördernde Kraft gepriesen. Die Kirche von Amarante wurde dort errichtet, wo sich die Grotte des Einsiedlers befand. Zu diesem Zweck mußte man das Felsgestein des Flußufers einschneiden. Das Fest des Gonçalo wird übrigens nicht nur Anfang Juni, sondern mehrere Male im Jahr begangen, weil es so schön ist.

Matosinhos,
Sardinenhafen von Porto:
Das Kreuz des Nikodemus

Bom Jesús de Bouças:
Das sagenumwobene Kruzifix

Matosinhos bei *Porto* ist Portugals bedeutendster Sardinenhafen. Wir besuchen die Kirche *Bom Jesús de Bouças,* den Einheimischen bekannt als Bom Jésus de Matosinhos, um ein Kruzifix zu betrachten, das mit einer abenteuerlichen Legende verknüpft ist. Es soll von Nikodemus stammen. Dieser, ein Jünger Jesu, hatte den Gottessohn zusammen mit Joseph von Arimathia vom Kreuz genommen. Nikodemus, so erzählt die Legende, sei dann in die Wüste Judäas geflohen und habe aus dem Gedächtnis Bildnisse von Jesus geschnitzt, ins Meer geworfen und den Fluten überantwortet.

Bom Jesús und die Legende

Eins davon, eben jenes Kreuz, wurde im Jahr 124 in Matosinhos an Land gespült. Ein Arm war abgebrochen und fehlte. Ihn soll eine alte Frau beim Brennholzsammeln gefunden und ahnungslos ins Feuer geworfen haben. Der Arm sprang jedoch immer wieder aus der Glut heraus. Schließlich stellte man fest, daß er genau zu der Figur paßte, die zuvor am Strand gefunden worden war. Das Bildnis wurde wieder komplettiert.

Es steht in der Kirche Bom Jesús und ist Gegenstand einer alljährlichen großen Pfingstwallfahrt.

Wir kommen eine Woche vor diesem Ereignis in Matosinhos an. Vor der Kirche, fast unmittelbar an einem riesigen Hafenbecken, werden gerade eine Kirmes und ein großer Markt vorbereitet. Zahllose Stände mit Töpferwaren, Tellern, Spielzeug, Figuren aller Art, natürlich auch Bier- und Verpflegungsbuden. Die Sonne steht hoch am strahlend blauen Maihimmel, der Seewind pfeift uns kalt um die Ohren.

Die Kirche zeigt sich in Erwartung der Pilger festlich geschmückt. Das Kreuz ist hinter dem Hauptaltar im Dunkeln verborgen. Auf unsere **Im Angesicht** Bitte hin wird die Beleuchtung eingeschaltet. Da **»himmel-** steht es, schlicht und groß und ergreifend, und **schreiender** wer immer es geschnitzt haben mag – Nikodemus **Freiheit«** oder jemand anders –, ich bin zutiefst erschüttert und angerührt, so stark spüre ich die Nähe von Jesus. (Ich hatte vorher keine Ahnung, daß sie mir so viel bedeuten würde.) Die Tränen laufen mir über das Gesicht. Später frage ich Horst nach seinem Eindruck von der Skulptur. »Frieden und Freiheit«, sagt er, »eine himmelschreiende Freiheit.«

Die Kirche selbst ist sehr hell. Viel vergoldeter Schmuck, vergoldete Figuren, Blumen. Dies ist keine Besichtigungskirche, sondern ein richtiger Tempel. Menschen kommen herein, stellen sich an das Geländer vor dem Hauptaltar oder in eine der Nischen, falten die Hände und beten still vor sich hin. Andere unterhalten sich laut, was aber nicht im geringsten stört.

Die frohe Botschaft des Nazoräers

Draußen auf dem Vorplatz Kapellen mit schreck-
lich lebensechten Geißelungs- und Kreuzigungs-
szenen. Solch brutale Darstellungen der Passion
Jesu begegnen uns vielerorts in Portugal. Einem
Besucher, der nichts über die christliche Religion
weiß, müssen sie barbarisch und grausam vorkommen. Marter und Geißelung, Verrat, Kreuzigung und Tod – welch ein Gegensatz zur »frohen
Botschaft« des Evangeliums! Warum hat man
sich jahrhundertelang auf Qual und Tod konzentriert, statt auf den Jubel, die Überwindung des
Leids und die Auferstehung? »Himmelschreiende Freiheit« – in der Kirchenlehre von einst war
nichts davon zu finden.

Erst heute lassen sich – wieder – Stimmen ver-
nehmen, welche die wirkliche frohe Botschaft
verkünden: »Ich bin die Auferstehung und das
Leben«, sagte Jesus und meinte mit diesem »Ich«

*Kirche Bom Jesús in
Matosinhos/Porto*

ganz sicher nicht seine vergängliche Identität als
Jesus von Nazareth (der übrigens nicht aus Nazareth stammte, das es damals noch gar nicht gab,
sondern Anhänger der Nazoräer-Sekte war), sondern das ewige, eine Ich, das uns allen innewohnt.
Liest man alle »Ich-bin«-Botschaften von Jesus
mit diesen Augen – auch die des apokryphen
Thomasevangeliums –, so offenbart sich ein völlig
neuer Sinn. »Ich bin das Licht der Welt, ich bin das
All, das All ist aus mir hervorgegangen und zu
mir zurückgekehrt . . .« – »Ich bin der Weg, die
Wahrheit und das Leben«: In diesen Sätzen steckt
die Botschaft des Heils. Wurde sie ganz bewußt
von den frühen Kirchenvätern verschleiert und
unterdrückt? Wenn man weiß, in welchem Maß
diese die Geschichte und die Botschaft Jesu zensiert, verändert, ja sogar gefälscht haben, dann
drängt sich die erschreckende Vermutung auf,
daß sie an jenen Jesus, dessen Religion sie verkün-
deten, überhaupt nicht glaubten. Wäre dies nämlich der Fall gewesen, so hätten sie es nicht ge-
wagt, auch nur ein Jota an der Überlieferung zu
ändern . . . Aber das ist heute nicht mehr wichtig.
War die Menschheit am Ende damals noch nicht
reif, die Botschaft Jesu zu verstehen? Ist sie es
heute?

Marginalie: »Ich bin das Licht der Welt . . .«

Neues über Jesus

Die historische Wirklichkeit Jesu scheint eine andere gewesen zu sein, als man sie jahrhundertelang propagiert hat. Die politische Rolle, die Jesus
als rechtmäßiger Inhaber des jüdischen Königs-
throns und potentieller Befreier Israels vom römischen Joch spielte, wurde heruntergespielt – vor
allem deshalb, weil sich das frühe Christentum ja

in der römischen Welt etablieren wollte; die »esoterischen« Botschaften wurden aus der offiziellen
Bibel verbannt bis auf wenige Überreste, die wir
vor allem im Johannesevangelium finden.

Alles in allem scheint festzustehen, daß Jesus **Ein neues Bild**
weder aus armer Familie stammte, noch der un- **vom Erlöser**
politische Sanftmütige war, als der er dargestellt
wurde; vieles weist auch darauf hin, wie früher
schon erwähnt, daß er eine Frau, möglicherweise
sogar Kinder hatte. Es wird ferner von einigen
Autoren behauptet, er habe die Kreuzigung über-
lebt und sei nach Indien gezogen, um dort weiter-
zulehren. Joseph von Arimathia und Nikodemus
haben ihn möglicherweise nach der Kreuzigung
gesund gepflegt und ihm zur Flucht verholfen.

Jesus, der Mythos

Der gesamte Christusmythos ist offenbar dann
dem aus Persien stammenden Mithraskult, der im
Römerreich eine große Rolle spielte, angepaßt
worden. Das frühe Christentum mußte und woll-
te in Rom bestehen und Fuß fassen. Der altirani- **Jesus-Mithras-**
sche Lichtgott Mithras hatte keine Mutter, war **Parallelen**
vom Feuer des Himmels gezeugt worden und
wurde am 25. Dezember, dem Tag der Winterson-
nenwende nach der alten Zeitrechnung, geboren.
Er wurde von Schäfern und *Magi,* den zoroastri-
schen Priestern, verehrt. Er wurde das »Licht der
Welt«, heilte Kranke, trieb Dämonen aus, predigte
und nahm an einem letzten Mahl mit seinen zwölf
Jüngern teil. Mithras starb zum Ende des Winters
und erstand zum Frühlingsanfang wieder auf.
Seine Kirche kannte sieben Sakramente, mit einem Kreuz versehene Kommunionshostien und
hatte eine zölibatäre Priesterschaft. Wenn das kei-

ne Übereinstimmungen sind! (Ich fand sie bei Barbara Walker.) Es gibt noch mehr Ähnlichkeiten mit früheren Mythen.

Ausstrahlung und Integrität über zwei Jahrtausende

Wie auch immer – wie gewaltig muß die Ausstrahlung und die Integrität dieses Jesus gewesen sein, um einen derart starken Mythos über nun zwei Jahrtausende hinweg aufrechtzuerhalten und so viele Menschen auf der ganzen Erde zu inspirieren! Auch im Islam und im Hinduismus wird Jesus – als Isa – verehrt. Mögen auch die geschichtlichen Begebenheiten sich vom Mythos unterscheiden; für mich hat jener letztlich mehr Realität. Denn er ist es, der jahrhundertelang lebendig geblieben ist, während die historische Wirklichkeit – das, was wir für Realität halten – im Augenblick ihrer Entstehung auch schon stirbt. »Die mythische Wahrheit ist die ganze Wahrheit«, lese ich, gerade nachdem ich dies geschrieben habe – ein Wort von P. L. Travers (zitiert in »Der westliche Weg«).

So weiß ich nicht, ob es die Kraft des Mythos ist, die mich beim Kreuz des Nikodemus so stark berührt hat, oder die Nähe dieser Skulptur zur historischen Persönlichkeit von Jesus, dem Nazoräer.

Zum Kreuz des Nikodemus: *Eine Figur mit starker Ausstrahlung. Der Künstler hat sie ganz bewußt so geschaffen, um den Mythos des gekreuzigten Christus mitzuverbreiten, an diesem Mythos mitzubauen, und hat tatsächlich seine ganze Liebe hineingelegt.*

Zu Jesus selbst: *Seine Wirklichkeit war und ist eine vielschichtige; das Drama der Kreuzigung spielt innerhalb dieser Wirklichkeit eine Rolle. Jedoch, soweit wahrnehmbar, ist der historische Jesus nicht am Kreuz*

Der gute Hirte (Friedhof bei Grandola)

gestorben. Dennoch ist diese Kreuzigung im Zusammenhang mit der Gesamterscheinung von Jesus eine
bedeutende Angelegenheit. Sterblichkeit betrifft nicht
das Wesen; sie ist – genaugenommen – eine Illusion.
Dies beinhaltet die zentrale Aussage des Dramas von
Kreuzigung und Wiederauferstehung. Nichts und niemand stirbt. Alles lebt, alles fließt, alles befindet sich
in stetigem Wandel. Lediglich dann, wenn etwas gegen
den Strom des Wandels festgehalten werden will, entsteht die Illusion des Sterbens.

  Die Kirche hat sich zumindest in dem, was sie ihren
Gemeinden vermittelte, nicht die Mühe gemacht, die
wahren Perlen auszusortieren. Die Kirchenväter haben vielmehr etliche dieser Perlen auf den Abfall geworfen. Keineswegs nur aus böser Absicht und Macht-

gier, sondern teilweise auch, weil sie sie nicht als
Kostbarkeiten erkannten. Einige der Perlen haben sie
auch mit einer Umhüllung versehen – einer Interpre-
tation –, die ihre Aussage fälschte und ihnen den Glanz
nahm. Das ist jedoch nicht das eigentlich Wichtige,
denn das Drama, dem ein Mythos zugrunde liegt, ist
Aussage in sich, auch ohne daß Worte gesprochen
werden müssen, und jeder erfaßt diese Aussage auf
seine Weise und setzt sie individuell um. Sie steht allen
zur Verfügung zum beliebigen Gebrauch.

Blitzbesuch in Porto

Nach diesem beeindruckenden Erlebnis streifen
wir Porto nur noch am Rande. Es ist eine herrliche
Eine große große Hafenstadt, leicht englisch angehaucht. Sie
Hafenstadt mit riecht nach Meer und Arbeit. Prachtvolle Kirchen
prachtvollen stehen hier: *Santa Clara* mit goldüberzogenen
Kirchen Holzschnitzarbeiten, *São Francisco,* ganz mit Blatt-
gold ausgekleidet. Dazwischen, sehr schlicht, die
Cedofeita – das heißt »früh gemacht« oder »schnell
gemacht« – zwischen der Praça da Republica und
dem Bahnhof Boavista. Sie wurde 1120 auf den
Grundmauern einer Kapelle aus dem 6. Jahrhundert gebaut – ein einschiffiges Kirchlein aus Gra-
nit mit romanischem Portal. In der Altstadt von
Porto viel Armut, viel Leben; in der Oberstadt
viele Geschäfte, Cafés, Restaurants und jede Menge Azulejos an Häuserwänden und in Innenräu-
men. Auch Heinrich der Seefahrer begegnet uns
wieder, diesmal in Gestalt eines Denkmals im
Park *Jardim do Infante Dom Henrique,* denn hier um
die Ecke steht sein Geburtshaus.

Braga:
Wo die Kirche allgegenwärtig ist

Die Stadt, in der man betet

Nach *Braga* fahren wir der Kirchen wegen. »In
Lissabon lebt, in Porto arbeitet, in Braga betet
man«, heißt es in Portugal. Es muß etwas Besonderes auf sich haben, denke ich, mit einer Stadt,
die mit Kirchen gespickt ist wie diese. Verzeichnet
sind dreißig, in Wirklichkeit sollen es mehr sein.
Die 140 000-Einwohner-Stadt, muß man wissen,
ist nicht besonders groß, und die Kirchen standen
schon hier, als Braga noch nicht ein Drittel dieser
Bevölkerungszahl aufwies.

Die Kirchen, so las ich in den Reiseführern,
dominieren im Stadtbild. Davon merkt man zunächst nichts. Auf den ersten Blick erscheint Braga wie eine moderne Großstadt: Vororte wie
sonstwo auch, öde Neubauten, Industriegebiete,
dann eine Innenstadt, lebendig und modern, mit
einer breiten Prachtstraße, der *Avenida Marechal
Gomes de Costa,* und vielen Geschäften. In der
Altstadt reihen sich zwei- bis dreistöckige Häuser
aneinander, viele weiß mit grüngekachelten Fas-
saden, viele mit schmiedeeisernen Balkonen,
schönen Steinportalen. Azulejos in allen Farben.

Wenn man genauer hinschaut, sieht man aller-

**Kirchen
dominieren das
Stadtbild**

dings an fast jedem Ende der Straßen im Stadt-
kern eine Kirche. Und wenn man sich etwas intensiver mit den Schaufensterauslagen der Läden
befaßt, entdeckt man allenthalben, zwischen Mo-
de und Kosmetik, Backwaren und Lebensmitteln
Devotionalien und Priesterbedarf, Soutanen mit
allem Drum und Dran, übereinandergehäufte
Kruzifixe mit Jesusfiguren, Heilige und Engel en
gros, Kelche, Oblaten und jede Menge Papstfotos.

Ansonsten aber macht die Stadt einen ganz normalen und alltäglichen Eindruck. Hier wird gearbeitet und getrunken und verkauft wie überall
auch. Allerdings ist Braga nicht nur von Kirchen-
bauten durchsetzt, sondern auch durchweht von
geistlicher Musik, Predigten, Gesängen und allerlei Kirchenlatein, das allenthalben aus dem Radio
erklingt – jedenfalls in den Tagen unseres Besuchs.

Wisigotische Heiligtümer

Wir wollten einige der vielen Kirchen besuchen.
Da gibt es beispielsweise ein ganz besonderes
Heiligtum aus wisigotischer Zeit, *São Frutuoso* in
der Nähe der Stadt. Die Wisigoten fielen im 5.

Die Bezwinger Jahrhundert in Portugal ein. Die Römer hatten sie
der germanischen zu Hilfe gerufen, weil sie ihre Herrschaft durch
Invasoren germanische Stämme, die Sueben (die im Nordwesten ein Königreich *Portucale* mit der Hauptstadt Braga gegründet hatten) und die Alanen,
bedroht sahen. Die Wisigoten kamen 415 nach
Hispanien, schlugen die Wandalen, die Alanen
und besetzten bald darauf auch das Portucale der
Sueben. Sie brachen jedoch mit den Römern und
erklärten ihr Hispanien 450 zum selbständigen

Königreich mit der Hauptstadt Toledo. Rom mußte schließlich gezwungenermaßen ihre Oberhoheit anerkennen.

Die weisen Goten

Die Wisigoten (»weise Goten«, oft auch als Westgoten bezeichnet) waren Christen, hingen jedoch dem arianischen Glauben an, der von der römischen Amtskirche als Ketzerglaube betrachtet wurde. Diese Lehre des Priesters Arius war von einer ausgesprochen abstrakten und intellektuellen Natur. Der Alexandriner Arius wandte sich **Die arianische** aufgrund logischer Folgerungen gegen die Dok- **Lehre** trin, auch der Sohn Gottes sei ewig und göttlich. Im 325 unter Kaiser Konstantin einberufenen Konzil von Nizäa wurden die Arianer verdammt, drei Jahre später jedoch bei einem anderen Konzil wieder rehabilitiert. Es gab damals sogar zwei rivalisierende Päpste: Liberius, der dem Beschluß von Nizäa folgte, und Felix II., der ein Arianer war. Auf einem neuen Konzil erarbeitete man später einen Kompromiß.

Die Wisigoten, ein hochinteressantes Volk, von dem man bisher allzuwenig wußte, werden von Gérard de Sède als »kriegerische Intellektuelle« bezeichnet. De Sède berichtet, daß sie bereits um 100 vor Christus eine hohe Zivilisation besaßen, die jener der Griechen gleichwertig war. Die Goten waren vor etwa dreitausend Jahren aus dem Hochland von Pamir nach Europa gekommen. Am Ende ihrer Wanderung hatten sie Elemente aus der persischen, griechischen, byzantinischen und römischen Kultur aufgenommen.

Wisigotenkönig Theoderich II. wurde wegen seiner vornehmen Kultiviertheit und Würde sogar von seinen Feinden, den Römern, bewundert. Die Herrschaftszeit der Wisigoten zeichnete sich durch straffe Ordnung und gute Organisation aus. Der Bevölkerung ging es besser als unter den Römern. Die Wisigoten hatten zwar eine Aristokratie, aber es gab gleiche Rechte für alle freien Menschen und nur wenige Sklaven. Der König wurde vom Adel und von den Bischöfen gewählt.

Im Jahr 589 trat König Rekhard vom Arianismus zum katholischen Glauben über. Sein Königreich driftete nun mehr und mehr in den Machtbereich der katholischen Bischöfe und löste sich Anfang des 8. Jahrhunderts auf. Die römisch-katholischen Bischöfe erwiesen sich als weitaus barbarischer, ungebildeter und abergläubischer als die wisigotischen Herrscher.

Das Ende des Gotenreiches und erste Judenpogrome

Zu dieser Zeit setzten auch die Judenpogrome ein. Viele Juden waren nach der Zerstörung Jerusalems im Jahr 70 nach Christus auf die iberische Halbinsel ausgewandert oder deportiert worden und hatten vor allem in Spanien einflußreiche Positionen erworben, die sie unter den toleranten Wisigoten ungestört festigen konnten. Von der römisch-katholischen Kirche wurden sie jedoch verfolgt. So begrüßten sie die im 8. Jahrhundert einfallenden liberaleren arabischen Eroberer als Befreier und halfen ihnen sogar, Spanien und Portugal zu besetzen.

Braga und der Goten-Gott

Zwei Namen portugiesischer Städte gehen auf die Wisigoten zurück: Braga und *Bragança*, beide benannt nach Braga, dem Sohn Wotans, der ein Gott der Dichtkunst und der Beredsamkeit war. Diese Namensnennungen erfolgten übrigens zu einer

Zeit, als die Wisigoten bereits das Christentum angenommen hatten. Denn für sie war es ganz natürlich, die alten Götter – die *Asen* – in den neuen Glauben mit hinüberzunehmen. »Dies ist auch der Grund, warum in den gotischen Kathedralen die alten Asen, Götter der Wisigoten, in verborgener Weise durch die ihnen zugeeigneten Tiere zu finden sind«, schreibt de Sède. Er hält übrigens die Goten für die letzten Besitzer des legendären Tempelschatzes aus Jerusalem, von dem im Zusammenhang mit den Tempelrittern die Rede war. Sie können das in seinem Buch »Das Geheimnis der Goten« nachlesen.

Alte Götter und neuer Glaube

São Frutuoso und São Pedro:
Kirchen der Wisigoten

Zwei Heiligtümer sind uns aus der Zeit der Wisigoten in Portugal erhalten geblieben. Das eine ist die bereits erwähnte byzantinische Kapelle São Frutuoso etwa vier Kilometer nordwestlich von Braga in *São Jéronimo Real*. Sie wurde im 7. Jahrhundert, zur Regierungszeit des Wisigotenkönigs Leovigild, durch den Bischof Frutuoso aus Braga errichtet. Der steinerne Sarkophag des Heiligen an der rückwärtigen Steinmauer ist leer; die Gebeine befinden sich heute in der dem alten Gotteshaus angebauten Pfarrkirche. Die byzantinische Kapelle mit ihrem Kreuzkuppelgewölbe weist im Grundriß die Form eines griechischen Kreuzes auf. Die Mauren haben die Kirche zerstört, unter Erzbischof Diego de Sousa ist sie jedoch im Goldenen Zeitalter Manuels I. wiederaufgebaut worden.

Das andere Wisigoten-Heiligtum ist *São Pedro de Balsemão*. Es liegt fünf Kilometer südlich von

Pêso da Régua linker Hand an der Straße, die nach *Lamego* führt, und stammt ebenfalls aus dem 7. Jahrhundert. São Pedro ist eine kleine, dreischiffige Basilika mit einem wisigotischen Hufeisenbogen – ein sehr schlichter, eckiger Bau.

Braga: Die Kathedrale des Grauens

Wir besuchen die alte Kathedrale – *Sé* – von Braga, die einst an Bedeutung mit Santiago de Compostela konkurrieren wollte. Dort wo sie – seit dem 11. Jahrhundert – steht, gab es zuvor bereits eine frühchristliche Kirche, die im Eroberungskrieg der Mauren zerstört wurde. Vom Bau des 11. Jahrhunderts ist heute nur noch der Grundriß erhalten, ferner das Südportal, die Balustraden des Querhauses und Teile des Hauptportals. Im Tympanon steht noch ein frühchristliches Kreuz. An der Rückseite der Kathedrale finden wir eine gotische stillende Madonna mit halb entblößter Brust, die Chantarène zugeschrieben wird.

Im Hauptschiff wird gerade ein Gottesdienst abgehalten. Ein Häuflein Gläubiger hört dem Priester zu. Das Gotteshaus wirkt dunkel, wuchtig und mächtig. Es ist zwar prächtig geschmückt, die Atmosphäre ähnelt jedoch der einer uralten Gruft. Tatsächlich ruhen hier in vielen Sarkophagen die Gebeine etlicher Herrscher und Adliger, darunter in der *Capela Nossa Senhora do Livramento* Heinrich von Burgund und seine Gemahlin Theresa. »Gerade hier spürt man«, schreibt Gustav Faber, »wie tief die Kathedrale von Braga in der Vergangenheit wurzelt. Man begreift das Wort ›so alt wie die Bischofskirche von Braga‹.«

Viele Heiligen- und Marienfiguren stehen in der Kirche, jede mit einem Spendenkasten verse-

Eine Kirche wie eine Gruft

Braga: Hinter der Kathedrale

hen. Eine Frau kommt eilig hereingelaufen, wirft Münzen in zwei der Behältnisse und verschwindet wieder. Überall brennen Kerzen. Ein kleiner Junge betritt die Kirche, legt seinen Rucksack ab, kniet vor einer Marienfigur, blickt zu ihr auf und beginnt inbrünstig zu beten.

Als wir wieder ins Freie treten, müssen wir feststellen, daß uns dieser Kirchenbesuch ganz und gar nicht gutgetan hat. Mir ist – ähnlich wie zuvor in Nossa Senhora do Sabroso bei Tabuaço –, als sei in meinem Innern alles ins Bewußtsein emporgestiegen, was an »Schlechtigkeit« – das ist der Begriff, der mir hier immer wieder in den Sinn kommt –, an Üblem, an Gift vorhanden ist. Ich benehme mich ausgesprochen schlecht, bin übel gelaunt. Dermaßen, daß ich sogar den bunten Blumen auf dem Beet vor dem Café Viana, dem In-Treffpunkt Bragas, ihre unschuldige Schönheit nicht gönne. Horst geht es noch schlechter. Er hat Magenschmerzen bekommen. Dabei ist gerade hier, rund um die belebte Terrasse des Cafés Viana, die Stadt so besonders hübsch und heiter mit ihren grün-, gelb- und blaugekachelten Häuschen. Wir aber schleppen die Finsternis der alten Kathedrale mit uns herum, eine Finsternis, die so mächtig wird, daß wir beide keine Lust mehr verspüren, in dieser Stadt noch irgendeine andere Kirche zu besuchen.

Bom Jesús do Monte: Eine Erholung

Dennoch fahren wir bald darauf zur berühmten Wallfahrtskirche *Bom Jesús do Monte*. Sie ist weit neueren Datums, und wir hoffen inständig, daß sie einen helleren und freundlicheren Eindruck macht als die alte Kathedrale. Bom Jesús liegt, umgeben von Parks, Springbrunnen, Sportanlagen und Seen, auf einem Hügel über der Stadt und ähnelt eher einem Tempel als einer Kirche. Man blickt auf Braga und die umliegenden Berge. Eine gewaltige und wegen ihrer Schönheit berühmte Barocktreppe, errichtet vom Architekten Cruz Amarante, führt zur Kirche hinauf. Statuen am Treppenrand symbolisieren die Tugenden und die fünf Sinne. Wallfahrer schleppen sich natürlich zu Fuß hinauf. Man kann aber auch mit dem Auto oder mit der Zahnradbahn zur Kirche fahren.

Eher ein Tempel denn eine Kirche

Bom Jesús präsentiert sich als bunt, licht und erholsam und hellt unsere angeschlagenen Gemüter auf. Sie liegt inmitten einer schönen großen Parkanlage voller anmutiger Steinfiguren und blickt mit ihrer weißgrauen, weitflächigen Barockfassade auf die modernen Stadtviertel Bragas

Rechts:
Bom Jesús do Monte

mit ihren vielen geraden, kahlen Neubauten hinunter. Neben der Kirche steht ein elegantes Hotel mit Restaurant. Es macht Spaß, auf der legendären Treppe herumzuwandern, die zahlreichen Blumen und Figuren zu betrachten und abwechselnd nach oben zur Kirche und nach unten auf die Stadt zu schauen. Die Sonne scheint, die Vögel piepen, der Brunnen plätschert, und die Blumen duften. Der Stadtlärm dringt nur sehr gedämpft hier herauf. Alle Welt fotografiert. Auf dem Kirchplatz hat ein Fotograf vor seinem Uralt-Apparat ein Schaukelpferd aufgebaut, auf dem sich Kinder vergnügt wippend ablichten lassen.

Und noch mehr Kirchen:
Sameiro und Santa Maria Madalena
Weiter oben gibt es einen weiteren Wallfahrtsort: *Sameiro,* in etwa sechshundert Metern Höhe auf dem gleichnamigen Berg gelegen. Sameiro ist größer als alle Kirchen in Braga, größer als Bom Jesús, **Der größte** der größte kirchliche Platz überhaupt und der **Kirchplatz** meistfrequentierte Portugals nach Fátima. War- **Portugals** um das so ist, läßt sich schwer feststellen; die Auskünfte sind vage und unterschiedlich. Auf jeden Fall stand hier zunächst nur eine Marienkapelle, die viel besucht wurde. Im 19. Jahrhundert errichtete man eine große Kirche mit einer schweren Zementkuppel und in unserem Jahrhundert unterhalb dieses gewaltigen Baus noch eine moderne Betonkirche, die ausnahmsweise einmal nicht hoch und schmal, sondern flach und breit angelegt ist. Das Ganze wurde mit einem gigantischen Vorplatz versehen.

Noch drei Kilometer weiter südlich erhebt sich eine Barockkirche, die fast noch schöner ist als

Bom Jesús: *Santa Maria Madalena* auf dem *Monte Falperra*. Sie stammt aus dem Jahr 1750. Auf dem Gipfel dieses Berges sind Überreste einer römischen Siedlung zu besichtigen.

Zu Braga: *Eine sehr alte Stadt mit sehr dichter Geschichte. Viel davon hängt noch in der Stadt, ist dort noch kompensiert, läßt sich wahrnehmen. Ein wichtiger Teil der jüngeren Vergangenheit war geprägt durch die katholische Kirche. Eine sehr enge Glaubensstruktur hier, eine sehr äußerliche Art von Glauben, an den die Menschen sich verzweifelt klammerten wie Ertrinkende an einen Strohhalm. Die Kirche war es, die ihnen einsuggeriert hatte, sie gingen unter und bräuchten diesen Strohhalm. Nicht unbedingt aus bösem Willen oder schierem Machttrieb, sondern teilweise auch aus einer Überzeugung von Rechtmäßigkeit.*

Zu Bom Jesús: Ein Macht- und Kraftplatz aus alten Zeiten, auch ein Ort der Erhebung. Hier hat sich christliche Religion in gesunder Weise mit Volksglauben, Heiterkeit, Festlichkeit, Fröhlichkeit und Schönheit verbunden.

Zu Sameiro: Wohl gibt es hier etwas, was wir eine spirituelle Quelle nennen können; sie ist nicht physischer Natur und befindet sich in der Nähe eines Baums und hängt mit einem Einsiedler zusammen. Der eigentliche Platz – Kirche und Vorplatz – aber erscheint wie ein Versuch, Bom Jesús zu übertrumpfen, und vermittelt den Menschen nur aufgrund seiner Höhenlage und seiner großen Ausdehnung ein Gefühl von Macht und Erhebung. Die eigentliche Kraft aber geht von Bom Jesús aus.

Sind wir wieder unten in Braga, so tauchen wir in einen Nebel erdrückender Strukturen ein. Ganz besonders dicht prallen uns jene in der alten Kathedrale

Maria in Sameiro

*entgegen, die gründlich gereinigt und entstaubt wer-
den müßte oder aber zerstört, um an dieser Stelle einen
neuen Tempel zu errichten. Dies soll allerdings nicht
als Aufforderung verstanden werden, in Portugal
Bomben zu legen.*

Besuch bei den Kelten

Auf dem Weg zur Citânia de Briteiros
Vom Monte Sameiro aus fahren wir durch Euka-
lyptus- und Pinienwald hinauf zur alten Kelten-

stadt, der *Citânia de Briteiros*. Ihr Ursprung verliert
sich im Dunkel der Geschichte. Sie wurde jedoch
wie viele befestigte Bergsiedlungen – die soge-
nannten *castrões* und *citânias* – von den Kelten
beziehungsweise Keltiberern zwischen 500 und
300 vor Christus übernommen und ausgebaut.
Die ersten Kelten besiedelten um 900 vor Christus
die iberische Halbinsel.

Über die Urbevölkerung wissen wir sehr wenig; vermutlich wanderten die ältesten Einwohner um 10 000 vor Christus aus dem südlichen
Frankreich ein; möglicherweise fanden auch
Überlebende des untergegangenen Inselkontinents Atlantis hier eine neue Heimat. Später kamen dann Menschen aus Afrika, wahrscheinlich
Hamiten, die bis nach Portugal vordrangen und
sich dort mehr oder weniger friedlich niederlie-
ßen. Dann folgte ein Stamm aus der Sahara und
schließlich die erste Keltenwelle, die Nordportugal erreichte. Land und Klima behagten den Kelten, die sich bald mit der ansässigen Bevölkerung
vermischten.

Der Minho: Die erste Keltenregion Portugals
Die Berglandschaft im Nordwesten Portugals, in
der wir uns jetzt befinden und wo sich die ersten
keltischen und später auch germanischen Stämme ansiedelten, heißt heute *Minho.* Hauptstadt
und Mittelpunkt ist Braga. Der Minho wird vom **»Der Garten
Klima und von der Atmosphäre des Atlantiks Europas«**
beherrscht und wegen seiner üppigen Vegetation
als »Garten Europas« bezeichnet. Die Landschaft
ist jedoch weitaus herber als der Süden Portugals.
Die ganze Region ist arm sowie technisch und
wirtschaftlich recht rückständig, wirkt auf Touri-

sten daher besonders malerisch. Die Portugiesen lieben es allerdings nicht besonders, wenn ihr Land als pittoresk bezeichnet wird. Denn gerade das, was der ausländische Besucher mit einer Mischung aus Herablassung und Nostalgie mit diesem Ausdruck belegt, das empfindet der Einheimische als arm und rückständig.

Der Minho ist übrigens die katholischste Region Portugals; doch hier hat sich ein fröhlicher und lebendiger Katholizismus entwickelt, und Feste werden besonders schwungvoll und archaisch gefeiert. Im Minho haben sich die alten heidnischen Bräuche in katholischer Verkleidung am hartnäckigsten gehalten – und das, obwohl Portugal noch weit eifriger als andere Länder nach außen hin dem Heidentum abgeschworen hat, indem seine Obrigkeit die Wochentage, die einstmals wie überall in Europa den alten Göttern gewidmet waren (Sonnen-Tag, Mond-Tag, Freya-Tag usw.), umbenannte und einfach durchnumerierte.

Im siebten vorchristlichen Jahrhundert brach eine zweite Keltenwelle herein, weniger friedlich als die erste; sie machte sich mit Hilfe von Eisenschwertern und Äxten breit. Durch Vermischung mit den Ureinwohnern, die wir heute als Iberer bezeichnen, bildeten sich jene Völker, die später **Aus Kelten werden Keltibrer** Keltiberer genannt wurden. Als die ersten Kelten nach Portugal kamen, fanden sie Tausende von seltsamen Steinmonumenten vor, die aus gewaltigen Felsblöcken zusammengesetzt waren: die Dolmen. Besonders in Portugal hatte sich die Kultur der Megalithgräber zur Hochblüte entwickelt. Die Kelten bezogen sie in ihre Riten ein. Besonders beeindruckend ist die Nekropole von *Alcácer* *do Sal* bei *Sétubal* im Alentejo. Hier fand man reichverzierte Schwerter von jener Art, wie sie die im fünften vorchristlichen Jahrhundert einwandernden Stämme der Kelten mit sich brachten.

Das Wehrdorf von Briteiros und der letzte Kelte

In der Nachmittagshitze erklimmen wir den Hügel, auf dem das keltische Wehrdorf liegt. Trockenes Gestrüpp, Wildkräuter, Schmetterlinge, Grillen, Insekten. Einige beeindruckende Riesenbäume, teils uralt, auf dem ansonsten schattenlosen Gelände. Rundum Blick auf Berge. Die Citânia ähnelt stark dem Dorf, das wir aus den »Asterix«-Comic-Heften kennen. Bis auf das kreisrunde Gemeinschaftsgebäude waren alle Häuser, ob rund, oval oder eckig, recht klein. Die Gassen dazwischen sind eng; die Gemeinschaft hatte sich dicht

*Briteiros:
Rekonstruiertes
Kelten-Rundhaus*

aneinandergeschmiegt und mit mehreren Schutz-
wällen umgeben. Von den Häusern sind nur Fun-
damente erhalten. Zwei von ihnen jedoch, Rund-
häuser, die stark an die Trulli in Apulien erinnern,
hat man rekonstruiert und mit kegelförmigen
Strohdächern versehen, wie sie wahrscheinlich
damals üblich waren.

Francisco Martins Sarmento entdeckte die Citânia und begann Ende des letzten Jahrhunderts
mit den Ausgrabungsarbeiten. Einige Merkwür-
digkeiten in der Bauweise der Häuser gaben ihm
Rätsel auf: Beispielsweise liegen einige Tür-
schwellen, auch heute deutlich erkennbar, mehrere Handbreit hoch. Auch hat es anscheinend
nirgendwo Fenster gegeben.

Die Pedra Formosa Neben den drei Umfassungsmauern wurden
Gräber zutage gefördert sowie eine große Anzahl
behauener Steine mit eingeritzten Ornamenten;
ferner Goldgefäße, Keramik-, Bronzegegenstände
und ein rätselhafter, gigantischer Steinblock mit
Flechtmustern: die *pedra formosa*. Ursprünglich
nahm man an, es habe sich bei ihm um einen
keltischen Altartisch gehandelt, heute jedoch ist
man der Meinung, er sei der Verschlußstein einer
großen Begräbnisstätte gewesen. Die Löcher im
Stein sollen als Verbindung zwischen den Toten
und den Lebenden gedient haben. Dieser Stein ist
zusammen mit den anderen Fundgegenständen
von Briteiros und dem nahegelegenen *Castro do
Sabroso* im Museum Martins Sarmento in *Guima-
rães* zu besichtigen.

Heute ist die Citânia von Eidechsen bewohnt.
Oben auf dem Hügel steht eine christliche Kapelle, weiter unten ein großes Kreuz. Ein angenehmer, friedlicher Platz zum Verweilen. Auf den

Mauerresten sitzen, Stille und Aussicht genießen
und den Schmetterlingen zuschauen . . . Im Som-
mer ist es tagsüber allerdings zu heiß dafür. Der
Torhüter, ein einsamer ruhiger Mensch mit
Schnurrbart, sieht aus wie der letzte Kelte. Sein
Gegenstück steht in besagtem Museum von Gui-
marães: eine Kriegerfigur aus der Keltenzeit, die
man den »ersten Portugiesen« getauft hat.

Zur Citânia: *Diese Siedlung ist an einem überaus
günstigen Ort gebaut worden. Günstig in jeder Hinsicht. Wegen seiner geographischen Lage, aber auch
wegen seiner wohltuenden und gesunden Ausstrahlung. Hier können Menschen auch heute noch auftanken, weil es ein gesunder Platz ist. Die Frage der
Errichtung [der Citânia] kann jetzt nicht vertieft werden, sie scheint auch nicht von besonderer Bedeutung
zu sein. Es ist noch ein Energiefeld vorhanden, das mit
der damaligen Dorf- und Lebensstruktur zu tun hat,
aber bereits sehr schwach und auch für sensitive Menschen nicht leicht wahrzunehmen ist. So steht ausschließlich die gesunde, wohltuende Energie dieses Ortes im Vordergrund. Besonders der Brunnenplatz ist
gut zum Auftanken geeignet; allerdings nicht länger
als zehn Minuten dort verweilen.* [Wir haben diesen
Brunnen nur von weitem betrachtet.] *Auch gibt es
ganz oben einen sehr alten Baum, der einiges erlebt und
verarbeitet hat. Es dürfte aber schwierig sein, über ihn
an Informationen zu gelangen.*

Ein gesunder Platz voller wohltuender Energie

Braga: Von der Kirche verfolgt

Zurück in Braga. Noch einmal spazieren wir
durch die Stadt und betrachten die vielen Kirchen; nicht nur sie weisen auf die einstige Macht
des Katholizismus in dieser Stadt und diesem

Die Kirche und die Medien

Land hin, auch die zahlreichen alten Paläste und Herrenhäuser, von denen viele der hohen Geistlichkeit gehörten. Um uns von den alten Kirchen zu erholen, setzen wir uns in eine kleine, laute, dunkle Kneipe, randvoll gefüllt mit rauchenden Männern, die mit dem Ausfüllen von Lottoscheinen beschäftigt sind. Zu unserer Freude läuft der Fernseher, von dem wir uns Zerstreuung und weltliche Ablenkung versprechen. Aber was flimmert über den Bildschirm? Dreimal dürfen Sie raten: eine Messe. Denn wir haben Anfang Mai, die große Fátima-Wallfahrt bahnt sich an, Zeremonien und Vorbereitungen laufen auf Hochtouren.

Noch bis zum Campingplatz verfolgt uns die Kirche: Am frühen Morgen wecken uns geistliche Gesänge, die von der benachbarten Baustelle aus dem Radio herüberschallen.

Viana do Castelo und der Nationalpark Peneda-Gerês: Die fröhliche Wallfahrt und der wilde Norden

Markt in Vila Nova de Cerveira

Eine schöne, gut befahrbare Allee bringt uns von Braga nach *Viana do Castelo*. Dort überqueren wir die Limamündung und fahren zunächst weiter nach Norden, an herrlichen Stränden entlang, nach *Vila Nova de Cerveira*, um einzukaufen. Denn es ist Samstagvormittag, und ein großer Markt hat sich neben der Straße ausgebreitet. Da werden Kleider und Schuhe, Obst und Gemüse, Geschirr, Töpferwaren und Werkzeuge und was der Mensch sonst noch braucht angeboten. Gleich gegenüber auf der anderen Flußseite liegt Spanien. »Pesetas oder Escudos?« fragen die Marktleute, wenn man sich nach Preisen erkundigt. Ich kaufe einen Strohhut und einen hochmodischen, knallbunten Anzug für einen Bruchteil eines Schwabinger Ausverkaufspreises, Horst ein paar Unverwüstlichkeit ausstrahlende Turnschuhe für umgerechnet zwanzig Mark. Wir trinken Kaffee am kleinen Platz gegenüber der alten Burg. Ferienstimmung macht sich breit, ausgerechnet am Vorabend der Rückreise.

Hier oben in den Bergen gibt es etliche wunderbare Plätze zum Spazierengehen und Meditieren,

Urlaub für einen Tag

Anta do Barroso

viele Quellen, herrliche Ausblicke auf den *Rio Minho*, der die Grenze zu Spanien bildet. Auf der Rückfahrt nach Viana do Castelo besichtigen wir in *Ancora* einen großen Dolmen, die *Anta do Barroso*, der mitten im Dorf auf einem ummauerten Grundstück steht. Er ist etwas kleiner als der Zambujeiro, doch mit einer gewaltigen Dachplatte versehen. Rundum Wiesen mit Obstbäumen, Häuser und Gärten. Ein friedlicher Samstagnachmittag mit strahlend blauem Maihimmel. Aus dem Nachbarhaus erklingt ländliche Festmusik.

Viana do Castelo:
Gegenwart und Vergangenheit

Auf der schönen breiten Küstenstraße, an Wald-
streifen und Stränden vorbei, fahren wir nach
Viana do Castelo zurück. Seltsam: Hier in Viana
habe ich zum erstenmal das Gefühl, dem Land
ganz und gar in der Gegenwart gegenüberzutre-
ten, befreit vom zwar faszinierenden, aber auch
fälschenden und manchmal belastenden Schleier
der Vergangenheit. Aber das kann natürlich auch
an mir liegen und daran, daß unsere Reise ihrem
Ende entgegengeht.

Natürlich hat auch Viana Geschichte, sogar **Ein Ort mit**
eine ganze Menge: Schon die Kelten siedelten **Geschichte**
hier, die Römer erwähnten Viana als besonders
schöne Stadt. Den Fluß, den *Rio Lima*, nannten sie
»Fluß des Vergessens« und verglichen ihn mit
ihrem mythologischen Fluß Lethe. Im Goldenen
Zeitalter Manuels war Viana einer der Hauptaus-
gangspunkte der Eroberungszüge, der *Conquista*.
Es gibt einen historischen Platz im Stadtzentrum,
den Platz der Republik, der wie ein Freiluftfest-
saal wirkt und unter König Manuel auch als solcher angelegt wurde; es gibt eine ursprünglich
gotische Pfarrkirche, die Igreja Matriz, mit romanischen Zinnentürmen, und es gibt die obligato-
rische Burg.

Wir aber sind ganz in der Gegenwart, bestaunen postmoderne Bauten, progressive Modebou-
tiquen, essen in einem amerikanischen Lokal ita-
lienische Spaghetti. Für einen halben Tag spielen
wir Urlaub am Meer, auf einem herrlichen Dop-
pelstrand an der Minhomündung nördlich von
Viana, zwischen *Caminha* und *Moledo;* der feine
weiße Sandstrand mit den weiten Dünen dient

zur einen Seite dem Fluß und zur anderen dem
Meer als Ufer. Die Flußmündung ist breit und
friedlich, aber äußerst gefährlich für Schwimmer.
Einige sind schon ertrunken bei dem Versuch, die
Burg zu erreichen, die mitten in der Mündung
liegt.

Santa Luzia

Der eigentliche Grund unseres Besuchs aber ist
die Wallfahrtskirche *Santa Luzia* auf dem gleichnamigen Berg über der Stadt. Kunsthistorisch hat
sie keinerlei Bedeutung: ein neobyzantinischer
Kuppelbau aus dem 19. Jahrhundert. Spirituelle
Menschen aber zieht sie magisch an. Santa Luzia
ist ein ganz besonderer Platz, zu erreichen mit der
Zahnradbahn, zu Fuß über einen schattigen Trep-
penweg und mit dem Auto. Rund und majestä-
tisch ragt sie aus einem Wald voll dicker Eukalyp-
tusbäume über der Stadt auf. Heute, am Sonntag-
nachmittag, sitzen Scharen von Menschen auf der
großen Treppe vor der Kirche und genießen die
Aussicht über Viana, die Limamündung, die von
Gustave Eiffel gebaute lange Brücke, den Hafen,
das Meer, die Berge im Hinterland. Liebespaare
schmusen, Kinder spielen, junge Leute unterhalten sich in Grüppchen, einige fotografieren sich
gegenseitig.

In der Kirche ertönt aus Lautsprechern fröhliche instrumentale Volksmusik. Unmengen von
Blumen und Herzen schmücken den Innenraum,
der hell und bunt und festlich ist. Runde Fenster,
runde Kuppeln, weißer Stein. Manche Menschen
kommen herein und knien gleich zum Beten nieder, andere unterhalten sich laut. Die Stimmung
ist locker und festlich zugleich. Keine religiöse

Der fröhliche Tempel

Rechts:
Santa Luzia in
Viana do Castelo

Pflicht scheint auf den Besuchern dieses Tempels zu lasten. Familien kommen mit Kindern, manche Kinder auch allein, knien kurz nieder und laufen wieder hinaus, alte und junge Menschen sind da, Touristen, die filmen und fotografieren. Hier **Leben, Andacht** herrscht Leben, Andacht und Freude. Wenn man **und Freude** durch das hohe Tor wieder hinaustritt ins Freie, schaut man auf die weiße Stadt mit den roten Dächern und dem breiten Fluß hinunter. Hinter der Kirche stehen Überreste einer keltiberischen Citânia, die wesentlich kleiner ist als die Citânia de Briteiros. Hier fallen teilweise spiralförmig geschichtete Mauern auf.

Viana: Das große Fest der Jungfrau

Am 15. August findet in Viana eine große Prozession zu Ehren der Jungfrau Maria statt, diesmal in ihrer Eigenschaft als Schutzpatronin der Seeleute. Diese Wallfahrt, *Nossa Senhora da Agonía,* ist seit Jahren auch bei Touristen beliebt. Mädchen ziehen in ihren Trachten durch die Straßen und zeigen stolz ihren prachtvollen Familienschmuck. Es wird musiziert und gefeiert. Im Rahmen der Feierlichkeiten werden der Jungfrau Maria Opfer gebracht: Fisch und Wein vor allem und auch Miniaturboote. Was mich an eine Bemerkung erinnert, die ich bei Barbara Walker las: In einer koptischen Abhandlung über Maria wird jene als Schicksalsgöttin dargestellt. Bringt man ihr vielleicht deshalb Opfer dar? Walker weist auch darauf hin, daß Maria den schicksalssteuernden Moiren ähnele, einer vorklassischen weiblichen Dreifaltigkeit, die den Nornen entsprechen. »So wie die Nornen am Fuße von Odins Opferbaum standen, so standen die drei Marien am Fuße von Jesu

Kreuz. Im Evangelium der Maria heißt es, alle drei
seien ein und dieselbe gewesen.«

Zu Viana do Castelo: *Für die Wallfahrtskirche Santa
Luzia gilt Ähnliches wie für Bom Jesús. Auch sie
steht auf einem alten Kultplatz, auf einer Erhebung,
die gehobene Stimmung favorisiert. Möglicherweise
hängt die alte Kultstätte mit den Überresten der Siedlung in der Nähe zusammen.*

*Die ganze Gegend von Viana an in Richtung Nor-
den und Westen zur spanischen Grenze hin ist voll von
Andachtsstätten, von natürlichen Orten der Kraft, von
alten Kultstätten, die teilweise heute noch genutzt
werden – bewußt oder unbewußt, wissend oder unwis-
send. Der einzelne Besucher wird diejenigen finden,
die ihm am besten entsprechen. Brunnen und Quellen
können als signifikante Orientierungshilfen dienen; es
müssen aber nicht immer solche Plätze sein.*

*Getreidespeicher
im Norden*

Von Viana in den Nationalpark

In Viana do Castelo beginnt unsere Rückreise über Nordportugal, Nordspanien und die Pyrenäen. Am Rio Lima entlang fahren wir durch fruchtbare Ebenen nach *Ponte de Lima*. Rundum grüne Berge. Viel Weinanbau, viel Gemüse. Rosen am Straßenrand. Die Straße wird streckenweise zu einer schattigen Allee. Viele Blumen vor und an den Häusern.

Auf der Rückreise Ponte de Lima ist ein Städtchen am Fluß, mit Sandstränden und einer außergewöhnlichen alten Brücke mit vierundzwanzig Bögen, die teilweise aus römischer Zeit stammt. Die Berge der *Serra de Amarela* und der *Serra do Gerês* sind hier schon sehr nahe. Bis jetzt ist die Straße in sehr gutem Zustand. Ab *São João de Ribera* geht es leicht bergauf. Immer noch Felder. Frauen bearbeiten sie mit der Hand. An den Häuserwänden blutrote Rosen. Barocke Kirchlein, Weinfelder. Leuchtendes Grün in allen Schattierungen und graugrün vor uns die Berge. Und plötzlich sind wir mitten im Gebirge. An den Hängen Terrassenfelder, Wein über Wein. In *Bravães* eine uralte romanische Kirche am linken Straßenrand. Heute ist der 13. Mai, der Tag der großen Wallfahrt in Fátima. Überall wird das Ereignis in Radio und Fernsehen übertragen: in Krämerläden, Kneipen und Wohnhäusern.

Wir fahren auf *Gerês* zu, in den Nationalpark Peneda-Gerês. Die Straße ist teils geteert, teils gepflastert und verläuft nun durch liebliches, fruchtbares Vorgebirge. Hier wachsen Wein, Orangen und Zitronen. In der Tiefe sehen wir den dunkelblauen Stausee *Caniçada* liegen. Bei *Rio Caldo* führt die Straße hinunter zum See, durch Wein-

berge und Terrassenfelder. Wir machen Rast. Am
großen Stausee ist es ganz still, wenn nicht gerade
– was selten vorkommt – ein Lastwagen oder ein
Bus vorbeidonnert. Sonst ist nur Vogelzwitschern
zu hören und ein leiser Wind. Das Wasser ist
blitzsauber und herrlich kühl. Nach dem Bad fühlen wir uns wie neugeboren.

Peneda-Gerês

Der Nationalpark *Peneda-Gerês,* in dem wir uns   **Die geschützte**
nun befinden, wurde 1970 eröffnet. Wir begegnen   **Wildnis**
einer rauhen, wilden Gebirgslandschaft mit vie-
len Wasserfällen, mit üppig grünen Tälern, mit
Wildbächen, Flüssen und Stauseen. Die Natur ist
weitgehend unberührt. Halbwilde Ponys gibt es
hier, seltene Pflanzen, auch Wildkatzen und Wölfe, die man allerdings kaum je zu sehen bekommt.
Bei *Castro Saboreiro, Mezio, Paradela, Cambeses, Pi-
tões* und *Tourém* gibt es Dolmen, bei Pitões, Tou-   *Die Serra do Gerês*

rém und Citadelha finden Sie *Castrões*. (Die besten
Informationen bekommen Sie beim *Turismo* in
Braga.)

Bei der Planung von Ausflügen muß man unbedingt den teilweise schlechten Straßenzustand
berücksichtigen. Die Karten sind irreführend.

Voraussetzungen Wenn Sie den Nationalpark besuchen, sollten Sie
zum Besuch des sich deshalb viel Zeit nehmen und über ein gutes
Nationalparks Fahrzeug verfügen. Wohnen kann man in Hotels
und Pensionen im Thermalkurort *Caldas do Gerês*,
in Castro Saboreiro und in *Ponte da Barca*. Auch
gibt es über den Park verteilt einfache, billige *casas
abrigo* – Herbergen. Auskunft ebenfalls in Braga.
Zelten kann man in der Nähe von Gerês auf einem
hochgelegenen Campingplatz. Einigermaßen befahrbare Strecken sind die Straße, die von *Caniçada* über Gerês zur spanischen Grenze bei *Portela
do Hómen* verläuft; eine Straße, die am Südost-
strand der Serra do Gerês entlangführt (Caniçada
– *Salamonde* – Paradela – *Covelães* – Tourém), dann
in der *Serra da Peneda* die Straße von Braga nach
Lindoso. Auch nach *Senhora da Peneda* kommt man
einigermaßen gut. Es ist jedoch immer eine Bela-
stung für das Auto, und man muß für jede dieser
Strecken viel Zeit einrechnen.

Unsere Fahrt geht weiter in Richtung *Chaves*.
Zur Linken das Massiv der Serra do Gerês, wild,
unberührt und kaum besiedelt. Hoch über dem
Stausee machen wir Rast am Straßenrand im
Schatten großer Eichen. Grillen zirpen, der Kuk-
kuck ruft. Es duftet nach Kräutern. Einige Berge
der Serra sind gezackt wie Drachenrücken. Später
kommen wir an einem höhergelegenen Stausee
vorbei, dem *Barragem da Venda Nova*, weit ver-
zweigt, tiefblau und still. Als es auf Chaves zu-

Stausee Venda Nova

geht, werden die Berge runder, sanfter, grüner. Kleine Steinmauern grenzen die Felder voneinander ab. Die Straße führt viele Kilometer lang am gewaltigen Stausee *Alto Rabagao* entlang. An seinem Südufer sind die Berge kahl, nur von Gestrüpp bedeckt, hier und da zieht sich eine Wiese hoch. Zur Linken, jenseits der Straße, kleine Dörfer, teilweise noch uralt. Häuser aus grobem Naturstein, manche halb zerfallen, manche noch bewohnt. Daneben schmucke Neubauten. Am Straßenrand Birken und lila blühendes Heidekraut. Kleine Felder, Wiesen, Steinmauern. Weite Strecken der Gegend sind menschenleer.

Ein letztes Mal, bevor wir am Abend Chaves und am Morgen die spanische Grenze erreichen, machen wir Rast, sitzen hoch in den Bergen im Schein der untergehenden Sonne auf einem Fels-

block und schauen auf den blauen, langgestreckten und noch fernen Rücken der *Serra de Leiranco*.
Der Kuckuck ruft. Ansonsten ist es atemberaubend still.

Chaves: Letztes Frühstück in Portugal

Wir übernachten in Chaves, auf einem schönen
grünen Campingplatz am Fluß. Chaves ist eine

Alte Kleinstadt alte Kleinstadt am *Rio Tâmega* mit einer komplett
mit vielen erhaltenen sechzehnbogigen Römerbrücke und
Attraktionen römischen Thermalquellen, mit Festungsmauern
aus dem 17. Jahrhundert und einer Barockkirche.
Etwa fünf Kilometer nordwestlich, nur teilweise
mit dem Auto, dann zu Fuß zu erreichen, gibt es
westlich von *Abobeleira* in *Outeiro Machado* ein
prähistorisches Heiligtum mit Wandzeichnun-
gen aus der frühen Bronzezeit. Ein weiteres Wan-
derziel von Chaves aus ist das mittelalterliche
Granitdorf *Pitões da*s *Junias* (Auskunft im Tourismusbüro).

   Am Morgen, während unser Auto in der Werk-
statt von den Folgen mehrerer tausend Kilometer
Portugal kuriert wird, frühstücken wir im Angesicht der runden, soliden, unerschütterlichen Römerbrücke (wie viele Menschen mögen sie wohl
schon überquert haben?) in einem Café am Fluß.
Der freundliche Wirt putzt bereitwillig Erdbeeren
für uns, schlägt Sahne mit dem Schneebesen (so-
was gibt es natürlich nicht auf der Karte), und
zum letztenmal verzehren wir zum Milchkaffee
die großen, runden, weichen portugiesischen
Brötchen, die ich bislang immer als »pappig« abgetan habe. Nun aber weiß ich, daß ich sie vermis-
sen werde.

   Noch einige wenige Kilometer Portugal, und

bald schon sind wir im spanischen Vérin. Unser
Auto scheint hörbar aufzuatmen, denn bald
schon verdienen die Straßen ihren Namen. Übrigens: Das Grenzland ist auch auf der spanischen
Seite voll von alten Einsiedeleien.

Schlußbemerkung: *Schauen wir uns die geographi-*   **Portugal – ein**
sche Struktur Portugals als Ganzes an, so erkennen wir   **energetisches**
ein – energetisches – Kreuz. Wir finden ziemlich genau   **Kreuz**
in der Mitte eine Quer- und – ebenfalls ziemlich genau
dort – eine Längsachse, ferner den Nabel, von dem
schon die Rede war. Lissabon ist selbstverständlich ein
Lebenszentrum, das das ganze Land versorgt. Es exi-
stieren noch eine Reihe von (starken) Plätzen im östli-
chen Teil des Landes, an der spanischen Grenze ent-
lang, jedoch in einem Abstand von etwa dreißig Kilo-
metern zu dieser, nach Süden hin dichter werdend.
Viele einsame, auch hochgelegene Plätze sind da zu
erforschen, die eine signifikante Energiestruktur auf-
weisen. Sehr stark spirituell das erwähnte Gebiet von
Viana nach Norden und Westen. Dann gibt es noch
einen Küstenabschnitt ungefähr zwischen Lissabon
und Sagres, auf dem möglicherweise einige Megalith-
Monumente stehen, jedenfalls aber besonders markier-
te Kraftorte. [Wir waren nicht dort.]
    Sehr gut zur Einstimmung in die Atmosphäre die-
ses Landes ist es, sich Volksmusik anzuhören. Sehr
wichtig auch, die jeweiligen Landesgerichte zu essen
und die frischen Produkte der jeweiligen Gegend zu
kosten, wenn das Einfühlen in ein Land wirklich ge-
lingen soll. Kein Besucher braucht sich im übrigen an
den im Buch geschilderten Reiseablauf zu halten. Man
sollte vielmehr die Informationen als Anhaltspunkte
für eigene Unternehmungen benutzen. Es gibt Plätze,
in deren Umkreis noch viel zu entdecken ist. Zu diesen

gehören Évora, Sagres, Braga, Viana, Mértola, aber
auch das hier nicht erwähnte Bragança.

Über die Magie   Um abschließend zum Titel des Buchs und dieser
Buchreihe etwas zu sagen: Magie ist eine grundlegende
Tätigkeit des Universums, und sie tritt im menschlichen Bewußtsein immer dann mit dem Etikett »Magie« versehen in Erscheinung, wenn es sich um unge-
wohnte Phänomene handelt. Früher einmal war die
Magie von Plätzen allgemein wahrnehmbar und nichts
Ungewöhnliches, wurde deswegen nicht eigentlich als
Magie betrachtet, sondern als ganz und gar natürliches
Phänomen. Ebenso verhält es sich mit vielen Bräuchen,
die jetzt als magisch bezeichnet werden, früher aber
nicht magischer oder geheimnisvoller waren, als wenn
ein Mensch heute einen Stecker in eine Steckdose
steckt. Wenn man deshalb die Vergangenheit dieses
Landes oder Vergangenheit überhaupt betrachtet und
versucht, die Wirklichkeit der jeweiligen Zeit zu erfassen, dann muß man seine Denkgewohnheiten beiseite
schieben. Man kann grundsätzlich voraussetzen, daß
Menschen in anderen Zeiten von anderen Gedanken-
gängen ausgingen, daß ihr Denken auf anderen Voraussetzungen basierte.

Selbstverständliche Voraussetzung beispielsweise
der keltischen Welt war das Eingebundensein in ein
unendliches Universum, war die Tatsache, daß man
auch als Einzelwesen teilhatte an dieser Unendlichkeit;
daß die Natur lebt, daß es überhaupt nichts Unbelebtes
gibt; daß man mit jedwedem Leben kommunizieren
kann, wenn man nur die Sprache versteht und die
Gesetze beherrscht; daß allem, was lebt, letztlich Symbole zugrunde liegen, so etwas wie Urinhalte, Uraus-
sagen, und daß diese Symbole nicht vermittelbar sind,
nur unmittelbar erlebbar, und nur in übersetzter und
unvollkommener Weise ausgedrückt werden können.

*Deshalb verzichtete man darauf vorzugeben, man kön-
ne sie in vollendeter, allgemeinverständlicher Weise
darstellen in irgendwelchen Formen oder Schriften.*

*Grundvoraussetzung des arabischen Denkens der
Maurenzeit war vor allem der begeisterte und flam-
mende Glaube an Gott, an einen Gott, der die Flamme
der Sehnsucht, der Liebe und des Wissenwollens in den
Menschen eingepflanzt hatte, und die Annahme, daß
diese Flamme am Leben gehalten werden konnte durch
– menschliche – Schöpfungen.*

*Grundvoraussetzung des christlichen Denkens je-
ner Zeit war die Tatsache, daß der Erlöser für die
Menschheit gestorben war, womit die Menschheit
zwar einerseits dankbar sein mußte für dieses Opfer,
sich auf der anderen Seite aber schuldig und verpflichtet fühlte. Verpflichtet, demjenigen, der das Opfer gebracht hatte, nun auch in Wort und Tat nachzufolgen
und den von ihm vermeintlich erlassenen Gesetzen zu
gehorchen. Somit war eine Art von Schizophrenie geboren, die einerseits aus einem Mißverständnis entstand, auf der anderen Seite aber durchaus auch ihre
Funktion hatte.*

*Diese Schizophrenie existiert in fast jedem Men-
schen weiter, der im christlichen Kulturkreis aufge-
wachsen ist, ganz gleich, ob er getauft ist oder
nicht. Sie äußert sich auch im alltäglichen Leben, in
den zwischenmenschlichen Beziehungen. Wenn ein
Mensch zum Beispiel einem anderen etwas schenkt,
etwas opfert, so wird dieser andere einerseits dankbar
sein, andererseits sich verpflichtet fühlen, eine Gegen-
leistung zu erbringen und auf diese Weise auch wieder
unzufrieden sein – wegen dieser Verpflichtung. Die
Heilung bestünde darin, zu sehen, daß es kein Opfer
gibt; daß letztlich niemand einem anderen ein Opfer
bringen kann: Opfer, die man bringt, bringt man der*

Liebe. Jedes Opfer ist eine Befreiung von Ballast, ein Schritt zur Freiheit, zur Erkenntnis, zur Vollkommenheit. Nur die Liebe ist es, die Opfer überhaupt möglich macht, und jedesmal, wenn ein Mensch der Liebe etwas opfert, brennt diese Liebe etwas weg von dem Ballast, den er mit sich herumschleppt, so daß er leichter und leichter wird. Letztlich dann erkennt er, daß er selber nichts ist als Liebe und niemals irgend etwas geopfert hat.

Nachspiel:
Fackelzug in Lourdes

Die Heimreise führt uns durch das karge Nordspanien und die lieblichen französischen Pyre-
näenrandgebiete. Wir verbringen einen Tag in
Lourdes, dem französischen Marienwallfahrtsort, um die »magische Reise« mit einem würdigen
Abschluß zu krönen.

Lourdes löst bei den einen Andacht und Ehr-
furcht, bei den anderen Verachtung und Ironie
aus. Wir setzen uns in die Grotte, in der die Jungfrau Maria der kleinen Bernadette erschienen ist.
Kranke, Lahme, Behinderte ziehen in ihren Roll-
stühlen vorbei.

Der Kontrast der Gefühle

Abends mischen wir uns unter die Lichterpro-
zession, die hier offenbar nicht nur bei besonderen Anlässen stattfindet, sondern jahraus, jahrein.
Erst bleiben wir Zuschauer, stehen am Rande und
beobachten, wie Menschen – erst Hunderte, dann
Tausende – mit kleinen Fackeln in den Händen im
Kreis spazieren und singen, andächtig und ernst
wie Kinder. Junge Männer und Mädchen in mo-
dischen Klamotten, bürgerlich und brav gekleide-
te Menschen, jung, alt und mittelalt, Kinder, Pfle-
ger mit Rollstuhlpatienten – alle tragen die kleine
leuchtende Fackel mit den aufgedruckten Lied-
texten in der Hand und bewegen sich im Gänse-

marsch im Kreis herum. Endlich schließen wir uns der Wanderung an, marschieren mit, singen mit, stehen dann mit in der fackelbewehrten Menge vor dem Freiluftaltar, neben dem zur Rechten und zur Linken lange Lichterreihen an der Treppenbrüstung wie leuchtende Zinnen zum Platz herunterführen, hören Priestern und Laien aus den verschiedensten Ländern zu, die dort oben Gebete in französisch, deutsch, polnisch, ungarisch und Gott-weiß-welcher-Sprache vorsagen, und murmeln mit, soweit wir erfassen, was jeweils zu murmeln ist. Heilige Maria, Mutter Gottes . . . Eine unbeschreibliche Wärme und Brüderlichkeit kommt auf. Dann ist mit einem Schlag alles zu Ende, und die Menge strebt auseinander, eilig und glücklich.

Danksagung

Ich bedanke mich bei Peter Burger, der uns zeigte, wie man die energetische Qualität von Plätzen wahrnehmen kann; bei Chaitanya P. Gerasch, der uns hilfreiche Hinweise auf besondere Orte gab; bei meinem Kollegen Rainer Kakuska, der mich beim Schreiben mit Informationen, Anregungen und Fachlektüre überhäufte, und bei meinem Mann, Horst Piller, ohne dessen feine Intuition, gesunden Menschenverstand und unermüdliche Tatkraft die magische Reise durch Portugal nicht hätte zu diesem Buch führen können.

Adressen zum Text

Quinta da Calma
Apartado 53
8135 Almancil
Telefon (089) 39 56 82
Portugal

Convento de São Francisco
Geraldine Zwanikken
7750 Mértola
Telefon (086) 6 21 19
Telefax (086) 6 25 41
Portugal

Quinta do Moinho Velho
7570 Grandola Melides
Telefon (069) 9 73 23
Telefax (069) 9 73 20

Quinta de São José
Stefanie Hillenbrand
Aldeia Galega / Sintra
Telefon 01-927 85 82

Literaturverzeichnis

(nach Sachgebieten in der Reihenfolge
der Kapitel gegliedert)

Algarve/ Seefahrer, Atlantis, Mauren
Luís de Camões: Die Lusiaden, Zweisprachige Ausgabe.
  Wissenschaftliche Buchgesellschaft, Darmstadt 1979
Sigrid Hunke: Allahs Sonne über dem Abendland. Fischer
  Taschenbuch Verlag, Frankfurt/Main1990
Heinrich Schenk: Algarve kennen und lieben, LN Verlag,
  Lübeck 1971
Heiner Stichel-Kohl: Portugal. Auf den Spuren der großen
  Entdecker. Droemer-Knaur, München 1989
Andrew Tomas: Das Geheimnis der Atlantiden. Günther
  Verlag, Stuttgart 1971

Beja/Die Portugiesische Nonne
Die drei Marias. Neue portugiesische Briefe. Ullstein
Hans Magnus Enzensberger: Ach Europa! Suhrkamp,
  Frankfurt/Main 1987
Rainer Maria Rilke: Die drei Liebenden. Insel Taschenbuch,
  Frankfurt/Main 1979

Évora/ Steinkreise und Megalithen
Erich von Däniken: Reise nach Kiribati. Bastei-Lübbe.
  © Econ Verlag, Düsseldorf und Wien 1981
Edwin C. Krupp: Astronomen, Priester, Pyramiden. C.H.
  Beck, München 1980
Caitlin und John Matthews: Der westliche Weg. Rowohlt,
  Reinbek 1988
Nigel Pennick: Die alte Wissenschaft der Geomantie. Dia-
  nus-Trikont, München 1982
Denis Saurat: Atlantis und die Herrschaft der Riesen.
  Günther Verlag, Stuttgart 1955

Frank Teichmann: Der Mensch und seine Tempel. Urachhaus,
Stuttgart 1983

Fatima/Marienerscheinung

George C. Andrews: Extraterrestrials among Us. Llewellyn
Publications, St. Paul, MN, USA
Josef Hanauer: Fatima – Erscheinungen und Botschaften. Bock
+ Herchen, Bad Honnef 1979
Barbara G. Walker: Die Geheimnisse des Tarot. Verlag Bruno
Martin, Südergellersen 1985

Tomar/Tempelritter:

Louis Charpentier: Macht und Geheimnis der Templer. Walter
Verlag, Olten und Freiburg 1978
Louis Charpentier: Magisch Reisen – Spanien. Goldmann Ver-
lag, München 1991
Johannes und Peter Fiebag: Die Suche nach dem heiligen Gral.
In: Knaur Lesefestival »Unglaubliche Geschichten«, hrsg.
von Rainer Holbe. Droemer-Knaur, München 1985
Lincoln, Baigent, Leigh: Der heilige Gral und seine Erben.
Lübbe Verlag, Bergisch Gladbach

Conimbriga, Tabuaço, Briteiros/Kelten und Römer

Sir Galahad: Mütter und Amazonen. Ullstein Sachbuch. ©
1975 Non-Stop-Verlag, München – Berlin
Gerhard Herm: Die Kelten. Pawlak Verlag. ©1975 Econ Verlag
Düsseldorf – Wien
Lancelot Lengyel: Das geheime Wissen der Kelten. Hermann
Bauer Verlag, Freiburg 1976
Martha Sills-Buchs: Wiederkehr der Kelten. Dianus-Trikont,
München 1983

Matosinhos/Jesus

Lincoln, Baigent, Leigh: Der heilige Gral und seine Erben.
Lübbe Verlag, Bergisch Gladbach 1984
Lincoln, Baigent, Leigh: Das Vermächtnis des Messias. Lübbe
Verlag, Bergisch Gladbach 1984
Caitlin und John Matthews: Der westliche Weg, Rowohlt,
Reinbek 1988
Barbara G. Walker: Die Geheimnisse des Tarot. Verlag Bruno
Martin, Südergellersen 1985

Braga/Wisigoten
Gérard de Sède: Das Geheimnis der Goten. Walter Verlag,
     Olten 1980

Portugal/Land und Geschichte
Walter G. Armando: Geschichte Portugals. Kohlhammer
     Verlag, Stuttgart – Berlin – Köln – Mainz 1966
Raymonde Cauvin: Portugal. Hallwag Reisebibliothek,
     Bern 1978
Gustav Faber: Portugal. Prestel Verlag, München 1972
Knaurs Kulturführer Portugal. Droemer-Knaur, München
     1988
Steinecke: Portugal. Mundo Verlag, Rieden 1989

220

Register

MAGISCH REISEN

Mit dem Herzen die Welt erleben
und zu sich selbst finden

GOLDMANN VERLAG